2B

Math in Focus®

Matemáticas de Singapur de Marshall Cavendish®

Cuaderno de actividades

Consultor y autor
Dr. Fong Ho Kheong

Autores
Chelvi Ramakrishnan y Bernice Lau Pui Wah

Consultores en Estados Unidos
Dr. Richard Bisk, Andy Clark, y Patsy F. Kanter

Marshall Cavendish
Education

Distribuidor en Estados Unidos

Houghton
Mifflin
Harcourt

D1557960

COMMON
CORE

© Copyright 2009, 2013 Edition Marshall Cavendish International (Singapore) Private Limited
© 2014 Marshall Cavendish Education Pte Ltd

Published by Marshall Cavendish Education
Times Centre, 1 New Industrial Road, Singapore 536196
Customer Service Hotline: (65) 6213 9688
US Office Tel: (1-914) 332 8888 | Fax: (1-914) 332 8882
E-mail: cs@mceducation.com
Website: www.mceducation.com

Distributed by
Houghton Mifflin Harcourt
222 Berkeley Street
Boston, MA 02116
Tel: 617-351-5000
Website: www.hmheducation.com/mathinfocus

First published 2011
2013 Edition

Marshall Cavendish® and *Math in Focus*® are registered trademarks of Times Publishing Limited.

Singapore Math® is a trademark of Singapore Math Inc.® and Marshall Cavendish Education Pte Ltd.

Math in Focus® Grade 2 Workbook B
ISBN 978-0-547-58273-3

Printed in Singapore

9 10 11 12   1401   20 19 18
4500741136   A B C D E

Contenido

CAPÍTULO 10

Cálculo mental y estimación

CAPÍTULO 11

El dinero

CAPÍTULO 12

Fracciones

CAPÍTULO 13

Medidas usuales de longitud

CAPÍTULO 14

La hora

CAPÍTULO 15

Tablas de multiplicación de 3 y 4

CAPÍTULO 16

Modelos de barras: Multiplicación y división

CAPÍTULO 17

Gráficas con dibujos

PÁGINA EN BLANCO

CAPÍTULO 10 Cálculo mental y estimación

Práctica 1   Significado de suma

Halla la suma de los números.

Ejemplo

96 y 73

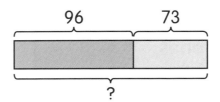

```
    9 6
  + 7 3
  ┌─────┐
  │ 169 │
  └─────┘
```

La suma de 96 y 73 es igual a __169__.

---

1.   700 y 200

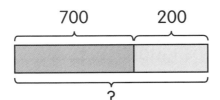

```
    7 0 0
  + 2 0 0
  ┌─────┐
  │     │
  └─────┘
```

La suma de _____ y _____ es igual a _____.

2.   215 y 507

```
    2 1 5
  + 5 0 7
  ┌─────┐
  │     │
  └─────┘
```

La suma de _____ y _____ es igual a _____.

Resuelve.
Usa modelos de barras para que te sirvan de ayuda.

3. Alberto gastó $27 en una camisa y $120 en libros.
    Halla la suma de dinero que gastó Alberto.

    _____ + _____ = _____

    La suma de dinero que gastó Alberto es igual a $_____.

4. Harry tiene 12 años.
    Su hermana es 9 años menor.
    Halla la suma de sus edades.

    _____ + _____ = _____

    La suma de sus edades es igual a _____ años.

5. Greg recogió 32 habichuelas saltarinas verdes.
    Su madre le dio 15 habichuelas saltarinas rojas más.
    Halla la suma de habichuelas saltarinas que tiene Greg ahora.

    _____ + _____ = _____

    La suma de habichuelas que tiene Greg ahora es igual a _____.

Nombre: _____   Fecha: _____

Práctica 2   Suma mental

Suma mentalmente para subir los escalones.

1.

29

21 + 8

73 + 3

45 + 4

54 + 3

96 + 2

72 + 7

63 + 4

93 + 6

Escribe los números que faltan.
Suma mentalmente.

Ejemplo

38 + 7 = ?

```
      7
10
      3
```

38 + _____10_____ = _____48_____

__48__ – __3__ = __45__

Entonces, 38 + 7 = __45__.

2.   75 + 6 = ?

```
      6
10
```

75 + _____ = _____

_____ – _____ = _____

Entonces, 75 + 6 = _____.

3.   69 + 5 = _____

4.   48 + 4 = _____

5.   29 + 9 = _____

6.   65 + 8 = _____

© Marshall Cavendish International (Singapore) Private Limited.

Escribe los números que faltan.
Suma mentalmente.

┌─── **Ejemplo** ─────────────────┐

123 + 5 = ?

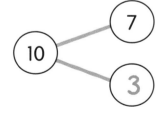

$\underline{3}$ + 5 = $\underline{8}$

$\underline{120}$ + $\underline{8}$ = $\underline{128}$

Entonces, 123 + 5 = $\underline{128}$.

└──────────────────────────────┘

7.   632 + 7 = _____

8.   712 + 3 = _____

9.   534 + 5 = _____

┌─── **Ejemplo** ─────────────────┐

409 + 7 = ?

7
10
3

409 + $\underline{10}$ = $\underline{419}$

$\underline{419}$ – $\underline{3}$ = $\underline{416}$

Entonces, 409 + 7 = $\underline{416}$.

└──────────────────────────────┘

10.   375 + 6 = _____

11.   275 + 8 = _____

12.   629 + 9 = _____

Escribe los números que faltan.
Suma mentalmente.

Ejemplo

246 + 20 = ?

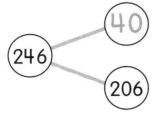

$\underline{40} + 20 = \underline{60}$

$\underline{206} + \underline{60} = \underline{266}$

Entonces, 246 + 20 = $\underline{266}$.

13.   348 + 50 = _____

14.   741 + 30 = _____

15.   653 + 10 = _____

Ejemplo

352 + 70 = ?

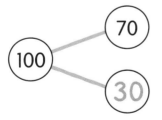

352 + $\underline{100}$ = $\underline{452}$

$\underline{452} - \underline{30} = \underline{422}$

Entonces, 352 + 70 = $\underline{422}$.

16.   427 + 80 = _____

17.   535 + 90 = _____

18.   164 + 60 = _____

Escribe los números que faltan.
Suma mentalmente.

Ejemplo

315 + 200 = ?

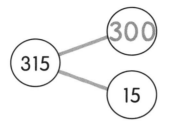

$\underline{\hphantom{300}300\hphantom{0}}$ + 200 = $\underline{\hphantom{500}500\hphantom{0}}$

$\underline{\hphantom{15}15\hphantom{0}}$ + $\underline{\hphantom{500}500\hphantom{0}}$ = $\underline{\hphantom{515}515\hphantom{0}}$

Entonces, 315 + 200 = $\underline{\hphantom{515}515\hphantom{0}}$.

19. 765 + 100 = ?

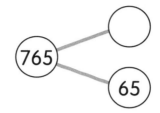

_____ + 100 = _____

_____ + _____ = _____

Entonces, 765 + 100 = _____.

Suma mentalmente.

20. 452 + 500 = _____

21. 264 + 300 = _____

22. 412 + 300 = _____

23. 178 + 300 = _____

24. 708 + 200 = _____

25. 320 + 600 = _____

Práctica 3   Significado de diferencia

Halla la diferencia entre los números.

Ejemplo

40 y 17

```
   4 0
 - 1 7
 _____
```

___40___ – ___17___ = ___23___

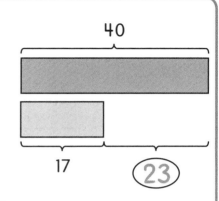

40

17   (23)

La diferencia entre 40 y 17 es igual a ___23___.

---

1.   156 y 82

```
   1 5 6
 -   8 2
 _____
```

_____ – _____ = _____

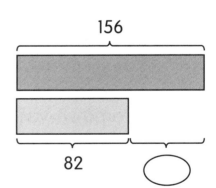

156

82

La diferencia entre 156 y 82 es igual a _____.

---

2.   800 y 785

```
   8 0 0
 - 7 8 5
 _____
```

_____ – _____ = _____

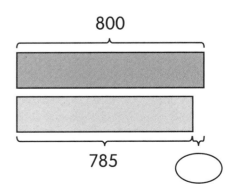

800

785

La diferencia entre 800 y 785 es igual a _____.

Resuelve.
Usa modelos de barras para que te sirvan de ayuda.

3. Tonya coleccionó 320 pulseras de la amistad y su hermana
    coleccionó 290.
    Halla la diferencia entre el número de pulseras de la amistad.

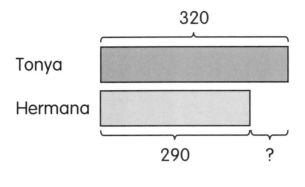

_____ – _____ = _____

La diferencia es igual a _____ pulseras de la amistad.

4. Joe y Susan salieron a correr.
    Joe corrió 24 vueltas y Susan corrió 15 vueltas.
    Halla la diferencia entre el número de vueltas que corrieron.

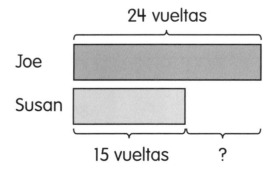

_____ – _____ = _____

La diferencia es igual a _____ vueltas.

Resuelve.
Usa modelos de barras para que te sirvan de ayuda.

5. Quique horneó 120 pastelitos el lunes.
El martes, horneó 219 pastelitos.
¿Cuál es la diferencia entre estas dos cantidades?

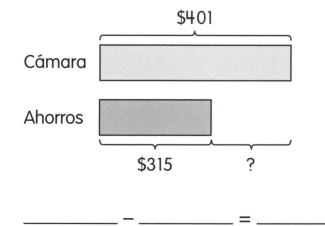

```
120 pastelitos     ?

Lunes   [          ]

Martes  [                    ]

              219 pastelitos
```

_____ − _____ = _____

La diferencia es igual a _____ pastelitos.

6. El señor Wong quiere comprar una cámara que cuesta $401.
Ahorró $315.
¿Cuál es la diferencia entre las cantidades de dinero?

```
              $401

Cámara  [                    ]

Ahorros [          ]

        $315        ?
```

La diferencia muestra cuánto dinero más necesita el señor Wong para comprar la cámara.

_____ − _____ = _____

La diferencia es igual a $ _____.

Resuelve.
Usa modelos de barras para que te sirvan de ayuda.

7.   Elizabeth tiene una cinta azul y una cinta roja.
     La cinta azul mide 27 centímetros de longitud.
     La cinta roja mide 18 centímetros de longitud.
     ¿Cuál es la diferencia entre las longitudes?

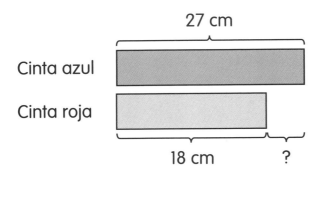

_____ – _____ = _____

La diferencia es igual a _____ centímetros.

Práctica 4   Resta mental

Escribe los números que faltan.
Resta mentalmente.

┌─ **Ejemplo** ─────────────────┐

43 – 6 = ?

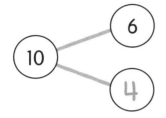

43 – ___10___ = ___33___

___33___ + ___4___ = ___37___

Entonces, 43 – 6 = ___37___.

└─────────────────────────────┘

1.   56 – 8 = ?

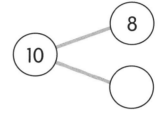

56 – _____ = _____

_____ + _____ = _____

Entonces, 56 – 8 = _____.

Resta mentalmente.

2.   84 – 7 = _____

3.   38 – 9 = _____

4.   62 – 8 = _____

5.   76 – 7 = _____

Escribe los números que faltan.
Resta mentalmente.

Ejemplo

789 − 5 = ?

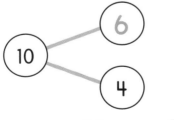

_____9_____ − 5 = _____4_____

_____780_____ + _____4_____ = _____784_____

Entonces, 789 − 5 = _____784_____.

6. 398 − 4 = _____

7. 427 − 2 = _____

8. 358 − 6 = _____

Escribe los números que faltan.
Resta mentalmente.

Ejemplo

364 − 6 = ?

364 − _____10_____ = _____354_____

_____354_____ + _____4_____ = _____358_____

Entonces, 364 − 6 = _____358_____.

9. 472 − 3 = _____

10. 513 − 9 = _____

11. 394 − 7 = _____

Escribe los números que faltan.
Resta mentalmente.

Ejemplo

348 – 20 = ?

348 → 40
348 → 308

_40_ – 20 = _20_

_308_ + _20_ = _328_

Entonces, 348 – 20 = _328_.

12. 475 – 40 = _____

13. 466 – 30 = _____

14. 654 – 50 = _____

Escribe los números que faltan.
Resta mentalmente.

Ejemplo

641 – 50 = ?

100 → 50
100 → 50

641 – _100_ = _541_

_541_ + _50_ = _591_

Entonces, 641 – 50 = _591_.

15. 516 – 70 = _____

16. 228 – 30 = _____

17. 436 – 40 = _____

Escribe los números que faltan.
Resta mentalmente.

Ejemplo

256 – 100 = ?

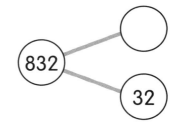

256 → 200, 56

$\underline{200}$ – 100 = $\underline{100}$

$\underline{56}$ + $\underline{100}$ = $\underline{156}$

Entonces, 256 – 100 = $\underline{156}$.

18. 832 – 400 = ?

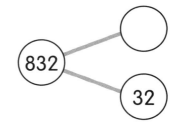

_____ – 400 = _____

_____ + _____ = _____

Entonces, 832 – 400 = _____.

Escribe los números que faltan.
Resta mentalmente.

19. 348 – 300 = _____

20. 548 – 300 = _____

21. 615 – 400 = _____

22. 465 – 200 = _____

Práctica 5 Redondear números para estimar

Marca cada número con una X sobre la recta numérica.

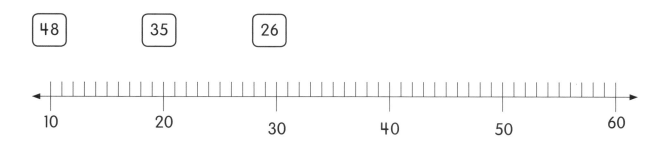

Redondea cada número hasta la decena más cercana. Enciérrala en un círculo en la recta numérica. Luego, completa los espacios en blanco.

> **Ejemplo**
>
> 12 está más cerca de ___10___ que de ___20___.
>
> 12 es aproximadamente ___10___ cuando se lo redondea hasta la decena más cercana.
>
>
>
>

1. 48 está más cerca de _____ que de _____.

48 es aproximadamente _____ cuando se lo redondea hasta la decena más cercana.

2. 35 es aproximadamente _____ cuando se lo redondea hasta la decena más cercana.

3. 26 está más cerca de _____ que de _____.

26 es aproximadamente _____ cuando se lo redondea hasta la decena más cercana.

Observa los dígitos que están en el lugar de las decenas. Luego, completa los espacios en blanco.

Ejemplo

37 está entre ___30___ y ___40___.

---

4. 86 86 está entre _____ y _____.

5. 93 93 está entre _____ y _____.

6. 286 286 está entre _____ y _____.

7. 721 721 está entre _____ y _____.

Marca cada número con una X en la recta numérica.
Redondea cada número hasta la decena más cercana.
Encierra el número en un círculo en la recta numérica.
Luego, completa la última columna de la tabla.

Número	Recta numérica	Usa "es aproximadamente" al escribir
Ejemplo 315	310 315 (320)	315 es aproximadamente 320.
8. 769	760 770	
9. 501	500 510	
10. 896	890 900	

Completa la tabla.

Número	Redondeado hasta la decena más cercana	Usa "es aproximadamente" al escribir
Ejemplo 78	80	78 es aproximadamente 80
11. 15		
12. 34		
13. 217		
14. 697		
15. 728		

Los números de los problemas están redondeados hasta la decena más cercana.

Halla el número mayor y el número menor posible de los números que están redondeados.

Usa la recta numérica para que te sirva de ayuda.

Ejemplo

El señor Johnson gastó aproximadamente $80 en una tienda por departamentos.

La cantidad mayor que pudo haber gastado es $ 84 .

La cantidad menor que pudo haber gastado es $ 75 .

16. Charles bebe aproximadamente 790 mililitros de jugo de frutas en un día.

La cantidad mayor que pudo haber bebido es _____ mililitros.

La cantidad menor que pudo haber bebido es _____ mililitros.

17. Shateel corrió aproximadamente 750 metros.

La distancia mayor que pudo haber corrido es _____ metros.

La distancia menor que pudo haber corrido es _____ metros.

18. La masa de una bolsa de papas es aproximadamente 830 gramos.

La masa mayor de las papas puede ser _____ gramos.

La masa menor de las papas puede ser _____ gramos.

Halla la suma o la diferencia.
Luego, redondea cada número hasta la decena más cercana.
Estima la suma o la diferencia para comprobar que los resultados sean razonables.

Ejemplo

763 + 36 = 799

763 es aproximadamente ___760___.

36 es aproximadamente ___40___.

760 + 40 = ___800___.

Entonces, 763 + 36 es aproximadamente ___800___.

¿El resultado es razonable?

Explica tu respuesta. ___Sí, porque 800 está cerca de 799.___

19.   238 + 98 = _____

238 es aproximadamente _____.

98 es aproximadamente _____.

_____ + _____ = _____.

Entonces, 238 + 98 es aproximadamente _____.

¿El resultado es razonable? Explica tu respuesta. _____

20.   847 − 95 = _____

847 es aproximadamente _____.

95 es aproximadamente _____.

_____ − _____ = _____.

Entonces, 846 − 94 es aproximadamente _____.

¿El resultado es razonable? Explica tu respuesta. _____

21. $781 + 49 =$ _____

Comprueba: _____ + _____ = _____ .

¿El resultado es razonable? Explica tu respuesta. _____

_____

_____

22. $259 - 72 =$ _____

Comprueba: _____ - _____ = _____ .

¿El resultado es razonable? Explica tu respuesta. _____

_____

23. El director de una escuela tiene $900 para comprar objetos para la escuela.
Redondea el costo de cada objeto hasta la decena más cercana.
Luego, estima el costo total.

Una colección de 4 libros de texto cuesta $96.

a. 96 es _____ cuando se lo redondea hasta la decena más cercana.

Una impresora cuesta $215.

b. 215 es _____ cuando se lo redondea hasta la decena más cercana.

Una cámara cuesta $147.

c. 147 es _____ cuando se lo redondea hasta la decena más cercana.

Una computadora cuesta $385.

d. 385 es _____ cuando se lo redondea hasta la decena más cercana.

El costo total estimado es $_____ .

¿Tiene el director suficiente dinero para pagar todos los objetos?

_____

Nombre: _____ Fecha: _____

Repaso/Prueba del capítulo
Vocabulario
Completa los espacios en blanco con las palabras del recuadro.

suma

diferencia

decena más cercana

razonable

1. Puedes usar una estimación para comprobar si una suma es _____.

2. 86 es 90 cuando se lo redondea a la _____.

3. Suma para hallar el total o la _____ de dos o más números.

4. Resta para hallar la _____ entre dos o más números.

Conceptos y destrezas
Suma mentalmente.

5. $325 + 9 =$ _____

6. $436 + 20 =$ _____

7. $691 + 70 =$ _____

8. $635 + 300 =$ _____

Resta mentalmente.

9. $541 - 5 =$ _____

10. $863 - 50 =$ _____

11. $238 - 70 =$ _____

12. $617 - 400 =$ _____

Redondea cada número a la decena más cercana.

13. 65 es aproximadamente ____.

14. 132 es aproximadamente ____.

15. 29 es aproximadamente ____.

16. 396 es aproximadamente ____.

Halla la suma o la diferencia. Luego, redondea cada número a la decena más cercana para comprobar que los resultados sean razonables.

17. $76 + 83 =$ _____

_____ + _____ = _____

18. $182 + 95 =$ _____

_____ + _____ = _____

19. $628 - 145 =$ _____

_____ - _____ = _____

20. $598 - 136 =$ _____

_____ - _____ = _____

Resolución de problemas

Resuelve. Luego, usa la estimación para comprobar que los resultados sean razonables.

21. La señora Brown compra una colección de libros y un osito de peluche gigante.
La colección de libros cuesta $154.
El osito de peluche gigante cuesta $122.
Halla la suma de los dos precios.

_____ + _____ = _____

Comprueba: _____ + _____ = _____.

¿El resultado es razonable? Explica tu respuesta. _____

_____

Las dos cosas cuestan aproximadamente $_____.

22. Peter gana $103 por mes repartiendo periódicos.
Lucas gana $175 por mes repartiendo pizzas.
¿Cuál es la diferencia entre las cantidades que ganan?

_____ - _____ = _____

Comprueba: _____ - _____ = _____.

¿El resultado es razonable? Explica tu respuesta. _____

_____

La diferencia es aproximadamente $_____.

© Marshall Cavendish International (Singapore) Private Limited.

22 Capítulo 10 Cálculo mental y estimación

Nombre: _____ **Fecha:** _____

El dinero

Práctica 1   Monedas y billetes

Encierra en un círculo los billetes que forman la cantidad dada.

Ejemplo

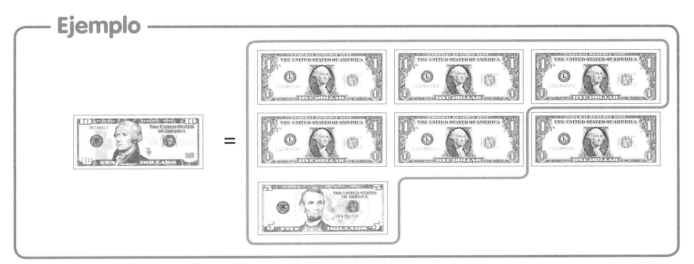

1.

=

2.

=

Encierra en un círculo las monedas que suman un dólar.

3.

 =

4.

 =

Halla el valor de las monedas.
Luego, escribe *menos que, igual a* o *más que*.

Ejemplo

_____más que_____ $1.

5.

_____ $1.

6.

_____ $1.

7.

_____ $1.

Escribe la cantidad de dinero.

┌─ **Ejemplo** ─────────────────────────────────────┐

_____$10_____

└──┘

8.

$_____

9.

$_____

Escribe la cantidad de dinero.

Ejemplo

Ochenta y dos dólares con siete centavos

$ 82.07

10.

Noventa y seis centavos

$_____

11.

Sesenta y un dólares

$_____

© Marshall Cavendish International (Singapore) Private Limited.

Nombre: _____ Fecha: _____

Escribe la cantidad de dinero.

12.

Catorce dólares con noventa y nueve centavos

$_____

13.

Treinta dólares con cincuenta centavos

$_____

14.

Quince dólares

$_____

15.

Setenta y ocho dólares con veinticinco centavos

$_____

Completa los espacios en blanco.

Ejemplo

$20.00 ···················· __20__ dólares con __0__ centavos

16. $0.03 ················ _____ dólares con _____ centavos

17. $40.20 ················ _____ dólares con _____ centavos

18. $27.15 ················ _____ dólares con _____ centavos

Empareja.

19.

 •   • $1.45

20.

 •   • $0.15

21.

 •   • $8.00

22.

 •   • $13.35

Cuenta el dinero.
Luego, encierra en un círculo la cantidad correcta.

Ejemplo

$2.06

$20.60

($26)

23.

$7.00

$7.07

$7.70

24.

$1.10

$11.00

$0.11

25.

$50.15

$0.65

$5.15

Completa.

Ejemplo

_____ 6 _____ dólares

con _____ 10 _____ centavos o

$ _____ 6.10 _____

26.

_____ dólares

con _____ centavos o

$ _____

27.

_____ dólares

con _____ centavos o

$ _____

28.

_____ dólares

con _____ centavos o

$_____

29.

_____ dólar

con _____ centavos o

$_____

30.

_____ dólar

con _____ centavos o

$_____

Escribe la cantidad de dinero de dos maneras.

Ejemplo

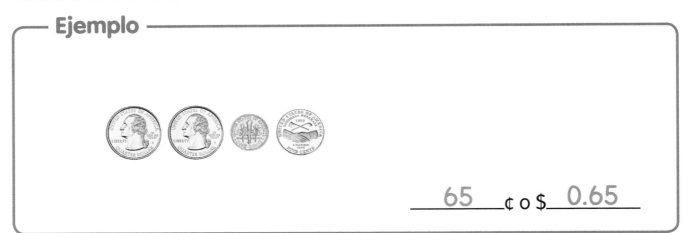

_____65_____ ¢ o $_____0.65_____

31.

_____ ¢ o $_____

32.

$_____ o $_____

33.

$_____ o $_____

Nombre: _____   Fecha: _____

Escribe la cantidad de dinero de dos maneras.

── **Ejemplo** ──────────────────────────

$_____ ó _____¢

34.

$_____ ó _____¢

35.

$_____ ó _____¢

36.

$_____ ó _____¢

© Marshall Cavendish International (Singapore) Private Limited.

Lección 1   Monedas y billetes   **33**

Escribe los centavos en dólares y centavos.

Ejemplo

20¢   <u>$0.20</u>

37. 120¢   _____

38. 543¢   _____

39. 106¢   _____

40. 350¢   _____

41. 83¢   _____

42. 17¢   _____

43. 2¢   _____

Escribe los dólares y centavos en centavos.

Ejemplo

$4.80   <u>480¢</u>

44. $3.51   _____

45. $6.95   _____

46. $1.05   _____

47. $0.44   _____

48. $0.69   _____

49. $8   _____

50. $7   _____

Práctica 2   Comparar cantidades de dinero

Compara las cantidades.
Completa las tablas y los espacios en blanco.

Ejemplo

Joey
$14.20

Dólares	Centavos
14	20

Carl
$15.00

Dólares	Centavos
15	00

Primero, compara los dólares. 15 es mayor que 14.

$ __15.00__ es más que $ __14.20__ .

$ __14.20__ es menos que $ __15.00__ .

1.

Mae
$70.40

Dólares	Centavos

Karen
$70.35

Dólares	Centavos

$ _____ > $ _____

$ _____ < $ _____

2.

$16.70

Dólares	Centavos

$16.15

Dólares	Centavos

$16.45

Dólares	Centavos

¿Son iguales todas estas cantidades? _____

$_____ es la cantidad mayor.

$_____ es la cantidad menor.

3.

$45.30

Dólares	Centavos

$42.95

Dólares	Centavos

$45.75

Dólares	Centavos

¿Cuál cantidad es la mayor? _____

¿Cuál cantidad es la menor? _____

Escribe la cantidad que hay en cada conjunto.
Luego, marca con (✓) el conjunto con el valor mayor.

Ejemplo

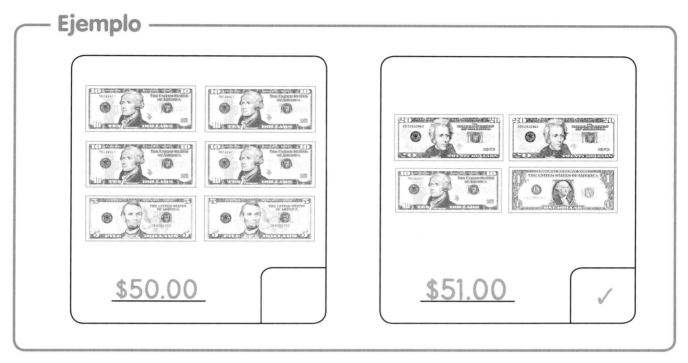

$50.00

$51.00 ✓

4.

_____

_____

5.

_____

_____

Encierra en un círculo la cantidad menor.

6. $3.85 $4.10   **7.** $62.40 $62.25

Encierra en un círculo la cantidad mayor.

8. $28.90 $27.95   **9.** $71.09 $7.90

Compara las cantidades.

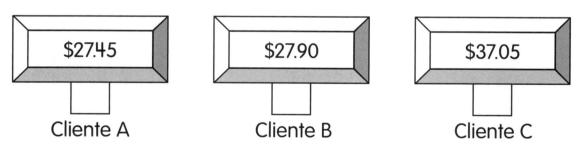

| $27.45 | $27.90 | $37.05 |
| Cliente A | Cliente B | Cliente C |

10.   ¿Cuál cliente pagó más? El cliente _____

11.   ¿Cuál cliente pagó menos? El cliente _____

Práctica 3   Problemas cotidianos: El dinero

Resuelve.
Dibuja modelos de barras para que te sirvan de ayuda.

1.   Maddy compra un lápiz a 25¢ y una goma de borrar a 17¢.
Le da 50¢ al cajero.
¿Cuánto cambio le devolvió el cajero?

2.   Los Lester tienen $600.
Gastaron $110 en comida y $97 en electricidad.
¿Cuánto dinero les quedó?

3.   Walter compra un cuaderno a 50¢.
Compra otro cuaderno que cuesta 12¢ más.
¿Cuánto pagó Walter en total?

Diario de matemáticas

La tarea de Sammy tuvo algunos errores.
Ayúdalo a corregirlos.

Ejemplo

El error de Sammy: 35¢ = _$3.50_

Respuesta correcta: _35¢ = $0.35_

---

1. El error de Sammy: Un dólar con sesenta centavos = $1.06

Respuesta correcta: _____

2. El error de Sammy: 450¢ = $450

Respuesta correcta: _____

3. El error de Sammy: $6 es $5 menos que $10.

Respuesta correcta: _____

4. El error de Sammy: $90 es $10 más que $100.

Respuesta correcta: _____

¡Ponte la gorra de pensar!

Práctica avanzada

Usa (5¢), (10¢), (25¢), $1 y $5 para dibujar la cantidad de dinero.

Ejemplo

$5.70

$5   25¢   25¢   10¢   10¢

1. $4.60

2. $9.40

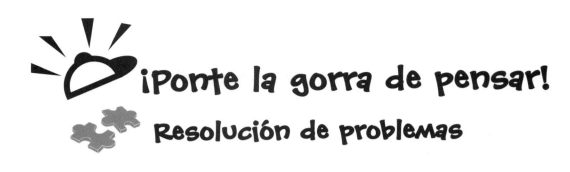

¡Ponte la gorra de pensar!

Resolución de problemas

Halla combinaciones diferentes de monedas y billetes para formar las cantidades.

Ejemplo

$8.50

	$20	$10	$5	$1	25¢	10¢
Conjunto A			1	3	2	
Conjunto B			1	2	6	
Conjunto C			1	3		5

1. $60.30

	$20	$10	$5	$1	25¢	10¢
Conjunto A						
Conjunto B						
Conjunto C						

2. $25.00

	$20	$10	$5	$1	25¢	10¢
Conjunto A						
Conjunto B						
Conjunto C						

¿Cuál cantidad es la mayor? _____

Repaso/Prueba del capítulo

Vocabulario

Completa los espacios en blanco.

$ _____
¢ _____
punto decimal

1. Un _____ separa los dólares de los centavos.

2. 100¢ forman _____ 1.

3. $0.75 también se puede escribir así: 75 _____.

Conceptos y destrezas

Identifica el valor de cada billete o moneda.

4.   **5.**   **6.**    **7.**

_____   _____   _____   _____

Escribe la cantidad de dinero en palabras y en números.

8.

_____ o _____ ¢

9.

_____ o _____ ¢

Escribe la cantidad en dólares o en centavos.

10. 50¢ = $_____

11. 125¢ = $_____

12. $16 = _____¢

13. $7.02 = _____¢

Compara.

$71.25	$72.52	$17.95

14. ¿Cuál cantidad es la menor? _____

15. ¿Cuál cantidad es la mayor? _____

Resolución de problemas

Resuelve. Dibuja modelos de barras para que te sirvan de ayuda.

16. Un libro cuesta $15.
Un bolígrafo cuesta $3 menos que el libro.
Un librero cuesta $150.
¿Cuánto más caro es el librero que el bolígrafo?

El librero cuesta $_____ más que el bolígrafo.

17. Anita tiene $150.
Gasta $53 en libros y $35 en un par de zapatos.
¿Cuánto le quedó?

Le quedaron $_____.

Fracciones

Práctica 1   Comprender fracciones

Marca la casilla con una **X** si la figura está dividida en partes iguales.

┌─── Ejemplo ───────────────────────┐
│   │
│   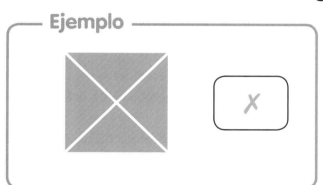   X   │
│   │
└────────────────────────────────────┘

1.

2.

3.

4.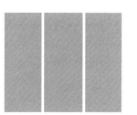

5.

6.

7.

Observa las ilustraciones.
Luego, completa los espacios en blanco.

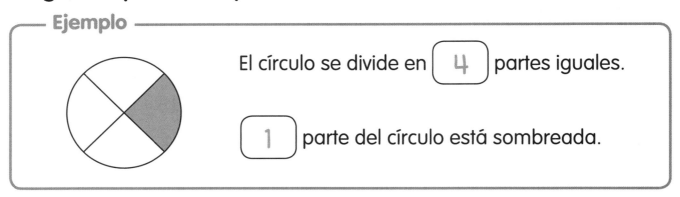

Ejemplo

El círculo se divide en ⎡ 4 ⎤ partes iguales.

⎡ 1 ⎤ parte del círculo está sombreada.

8.

El rectángulo se divide en _____ partes iguales.

_____ parte del rectángulo está sombreada.

Encierra en un círculo la fracción y las palabras que se emparejan con la figura.

Ejemplo

	$\frac{1}{3}$	un tercio	un cuarto	$\frac{1}{4}$

9.

un medio	un dos	$\frac{1}{2}$	1

10.

$\frac{1}{2}$	$\frac{1}{3}$	un tercio	un tres

Marca con una ✗ la parte fraccionaria que no pertenece a cada hilera.

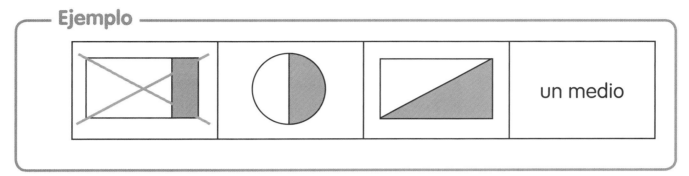

11.

12.

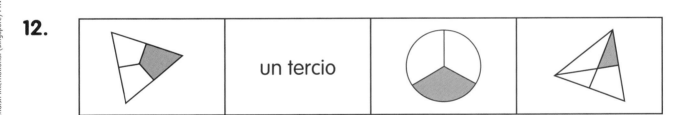

Completa los espacios en blanco.

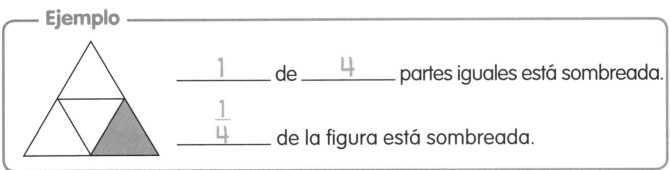

13.

_____ de _____ partes iguales está sombreada.

_____ de la figura está sombreada.

14.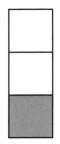

_____ de _____ partes iguales está sombreada.

_____ de la figura está sombreada.

15.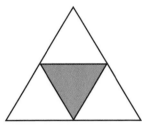

_____ de _____ partes iguales está sombreada.

_____ de la figura está sombreada.

Escribe una fracción para cada parte sombreada.

Ejemplo

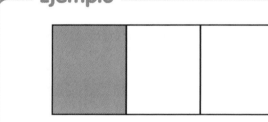

• • • • • • $\dfrac{1}{3}$

16.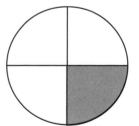

• • • • • • _____

17.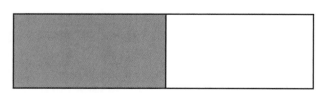

• • • • • • _____

18.

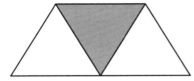

• • • • • • _____

19.

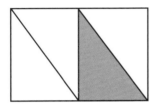

• • • • • • _____

Sombrea las partes necesarias de cada figura para representar la fracción.

20. $\frac{1}{3}$

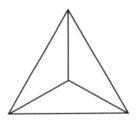

21. $\frac{1}{4}$

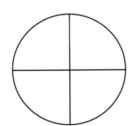

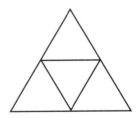

22. $\frac{1}{2}$

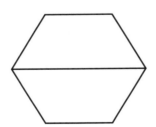

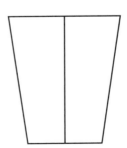

Empareja las palabras y fracciones con las figuras.

23.

un medio	•

un tercio	•

un cuarto	•

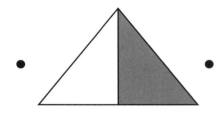

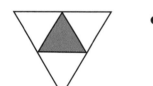

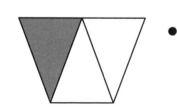

$\dfrac{1}{4}$

$\dfrac{1}{2}$

$\dfrac{1}{3}$

Práctica 2   Comparar fracciones

Escribe la fracción de las partes sombreadas.
Luego, compara las fracciones.

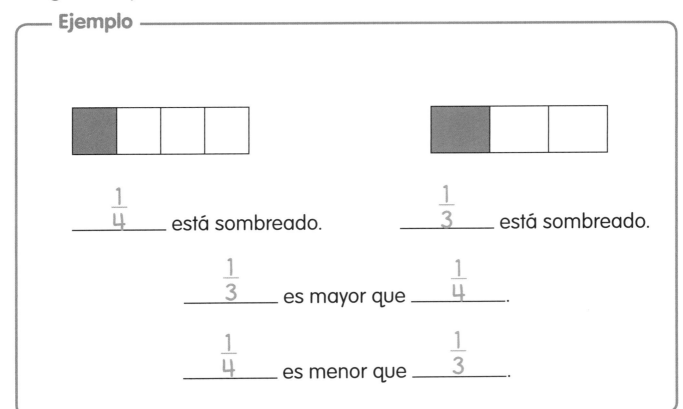

— Ejemplo —

$\frac{1}{4}$ está sombreado.

$\frac{1}{3}$ está sombreado.

$\frac{1}{3}$ es mayor que $\frac{1}{4}$.

$\frac{1}{4}$ es menor que $\frac{1}{3}$.

1.

_____ está sombreado.   _____ está sombreado.

_____ es mayor que _____.

_____ es menor que _____.

Compara.
Escribe > o < en el $\bigcirc$ **.**

2.

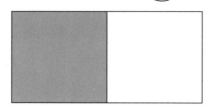

$\frac{1}{2}$ está sombreado.

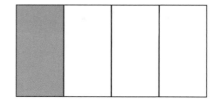

$\frac{1}{4}$ está sombreado.

$\frac{1}{4}$ $\bigcirc$ $\frac{1}{2}$

$\frac{1}{2}$ $\bigcirc$ $\frac{1}{4}$

Escribe una fracción para cada parte sombreada.
Luego, ordena las fracciones de mayor a menor.

3.

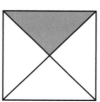

4.

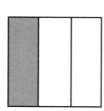

5.

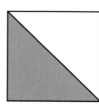

_____   _____   _____

_____

la mayor   la menor

Práctica 3 Sumar y restar fracciones semejantes

Escribe la fracción correspondiente a las partes sombreadas.

1. 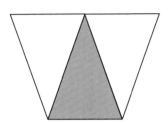   **2.** 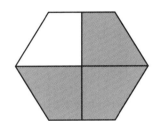   **3.**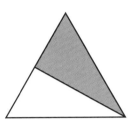

_____   _____   _____

Sombrea las partes que correspondan para representar la suma.

Ejemplo

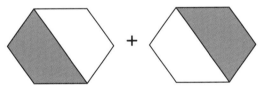   

4.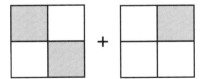

5.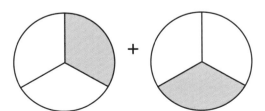

Sombrea las partes necesarias para representar la suma.

6.

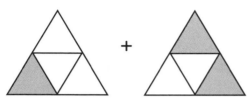 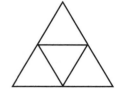

7.

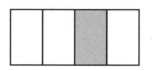 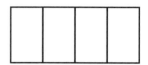

Suma.
Usa los modelos para que te sirvan de ayuda.

Ejemplo

$\frac{1}{3} + \frac{1}{3} = \underline{\frac{2}{3}}$

$\frac{1}{3}$ $\frac{1}{3}$

?

8. $\frac{1}{4} + \frac{2}{4} = \underline{\hspace{2cm}}$

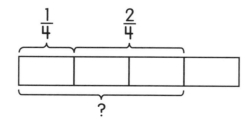

$\frac{1}{4}$ $\frac{2}{4}$

?

Suma.
Usa los modelos para que te sirvan de ayuda.

9. $\frac{1}{2} + \frac{1}{2} = $ _____

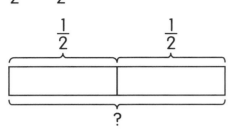

10. $\frac{1}{3} + $ _____ $= 1$

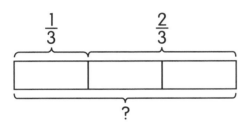

Sombrea las partes necesarias para mostrar la diferencia.

Ejemplo

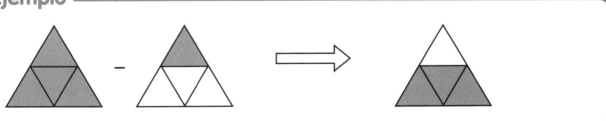

11.

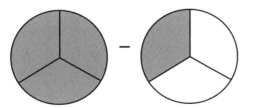 

12. 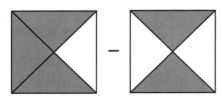 —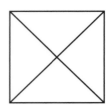

13.  —

14. 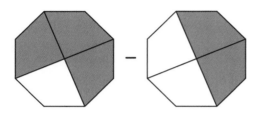 —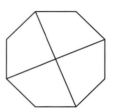

Resta.
Usa los modelos para que te sirvan de ayuda.

Ejemplo

$$1 - \frac{2}{3} = \underline{\quad \frac{1}{3} \quad}$$

15. $\frac{3}{4} - \frac{1}{4} = \underline{\qquad}$

Resta.
Usa los modelos para que te sirvan de ayuda.

16. $\dfrac{2}{3} - \dfrac{1}{3} =$ _____

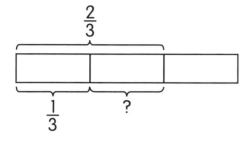

17. $1 -$ _____ $= \dfrac{1}{4}$

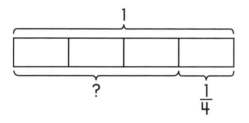

18. $\dfrac{3}{4} - \dfrac{2}{4} =$ _____

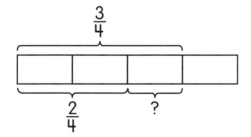

 ¡Ponte la gorra de pensar!

 Práctica avanzada

1. Se necesitan sombrear _____ partes más para mostrar $\frac{3}{4}$.

2. Se necesita sombrear _____ parte más para mostrar $\frac{2}{3}$.

3. Se necesitan sombrear _____ partes más para mostrar $\frac{4}{4}$.

Repaso/Prueba del capítulo

Vocabulario

Completa los espacios en blanco con las palabras correctas.

entero
___
iguales
___
mayor que
___
menor que

1.

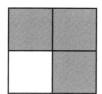

$\frac{3}{4}$ significa que 3 de 4 partes son _____.

2.

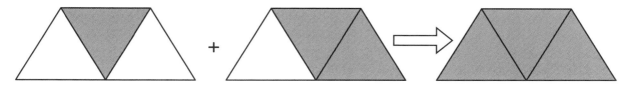

$\frac{1}{3}$ y $\frac{2}{3}$ forman un _____.

3.

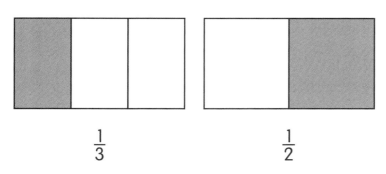

$\frac{1}{3}$ $\frac{1}{2}$

$\frac{1}{3}$ es _____ $\frac{1}{2}$.

4.

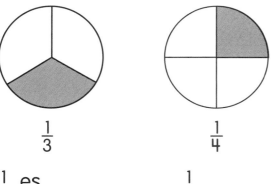

$\frac{1}{3}$ $\frac{1}{4}$

$\frac{1}{3}$ es _____ $\frac{1}{4}$.

Conceptos y destrezas

5. **Empareja.**

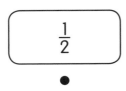

$\frac{1}{2}$

$\frac{1}{4}$

$\frac{1}{3}$

•   •   •

•   •   •

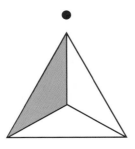
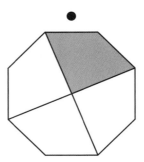
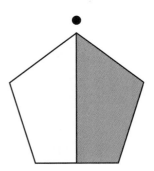

Escribe > o < en el ◯**.**

6. $\frac{1}{2}$

$\frac{1}{3}$

$\frac{1}{2}$ ◯ $\frac{1}{3}$

7. $\frac{1}{4}$

$\frac{1}{2}$

$\frac{1}{4}$ ◯ $\frac{1}{2}$

Escribe > o < en el ◯.

8. $\frac{1}{3}$

$\frac{1}{4}$

$\frac{1}{3}$ ◯ $\frac{1}{4}$

9.   Ahora, ordena las fracciones de menor a mayor.

10. Empareja.

$\frac{3}{4}$ •

$\frac{1}{2}$ •

$\frac{2}{3}$ •

$\frac{1}{3}$ •

$\frac{1}{4}$ •

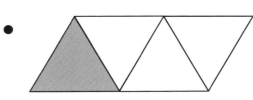

Divide los dibujos en partes iguales.

11. 2 partes iguales   **12.** 3 partes iguales   **13.** 4 partes iguales

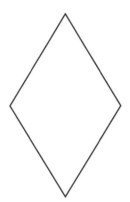   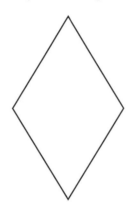   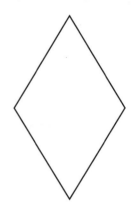

Completa los espacios en blanco.

14.

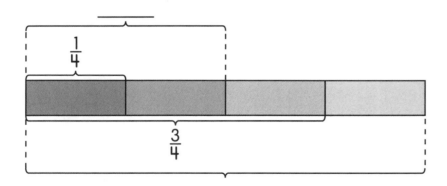

Suma o resta.
Usa el modelo del ejercicio 14 para que te sirva de ayuda.

15. $\dfrac{1}{4} + \dfrac{3}{4} =$ _____

16. $\dfrac{1}{4} + \dfrac{2}{4} =$ _____

17. $1 - \dfrac{1}{4} =$ _____

18. $\dfrac{3}{4} - \dfrac{2}{4} =$ _____

Repaso acumulativo

de los Capítulos 10 a 12

Conceptos y destrezas

1. Conecta las tarjetas para mostrar cuáles son los pasos que se deben seguir para hacer el cálculo mental.

| 64 + 8 | 64 – 8 | 84 + 6 | 84 – 6 |

| Suma 10 a 64 | Resta 10 de 64 | Suma 10 a 84 | Resta 10 de 84 |

| Resta 2 del resultado | Resta 4 del resultado | Suma 2 al resultado | Suma 4 al resultado |

| 78 | 72 | 90 | 56 |

Suma mentalmente.

2. $352 + 4 =$ _____

3. $817 + 5 =$ _____

4. $143 + 30 =$ _____

5. $198 + 800 =$ _____

Resta mentalmente.

6. $916 - 5 =$ _____

7. $873 - 8 =$ _____

8. $477 - 60 =$ _____

9. $858 - 400 =$ _____

Marca cada número con una X en la recta numérica. Luego, redondea cada número hasta la decena más cercana.

10. 76

11. 81

12. 123

13. 134

Completa.

14. Escribe los números que dan 50 cuando se los redondea hasta la decena más cercana.

_____

15. ¿Cuál es el menor número que redondeado da 10? _____

16. ¿Cuál es el mayor número que redondeado da 80? _____

Suma o resta.
Redondea los números hasta la decena más cercana.
Luego, estima la suma o la diferencia para comprobar
que los resultados sean razonables.

17.   874 + 67 = _____

874 es aproximadamente _____.

67 es aproximadamente _____.

_____ + _____ = _____

Entonces, 874 + 67 es aproximadamente _____.

¿El resultado es razonable? Explica tu respuesta.

_____

_____

18.   545 – 79 = _____

545 es aproximadamente _____.

79 es aproximadamente _____.

_____ – _____ = _____

Entonces, 545 – 79 es aproximadamente _____.

¿El resultado es razonable? Explica tu respuesta.

_____

_____

Encierra en un círculo los billetes que suman la cantidad indicada.

19.

Escribe la cantidad en números.

20. veinticinco centavos   \$_____ ó _____¢

21. treinta y nueve dólares   \$_____

22. doce dólares con noventa y siete centavos   \$_____

Cuenta el dinero.
Luego, escribe la cantidad en las distintas formas indicadas.

23.

dólares y centavos _____

centavos _____

palabras _____

Encierra en un círculo la cantidad menor.

24. $10.75 $7.98 $8.07

Encierra en un círculo la cantidad mayor.

25. $96.50 $96.72 $96.09

Sombrea el modelo para indicar la fracción.

26. $\frac{2}{3}$

27. $\frac{1}{4}$

Observa el modelo.

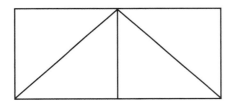

Colorea $\frac{1}{4}$ de azul.

Colorea $\frac{2}{4}$ de amarillo.

28.   ¿Qué fracción del modelo está coloreada? _____

29.   ¿Qué fracción del modelo está sin colorear? _____

Sombrea cada tira.

Luego, escribe las fracciones ordenadas de mayor a menor.

30. $\frac{1}{3}$

$\frac{1}{2}$

$\frac{1}{4}$

_____, _____, _____

la mayor

Escribe una fracción para la parte sombreada.

31.

_____

32.

_____

33.

_____

Usa las respuestas de los ejercicios 31 a 33. Completa los espacios en blanco.

34. _____ es 1 parte de 2 partes iguales.

35. _____ son 2 partes de 3 partes iguales.

36. $\frac{1}{2}$ es mayor que _____.

37. $\frac{1}{2}$ es menor que _____.

38. _____ es la fracción menor.

Halla la fracción que falta.
Usa modelos como ayuda.

39. Suma $\frac{1}{3}$ y $\frac{1}{3}$.

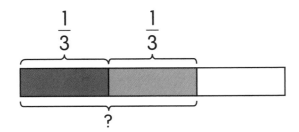

$\frac{1}{3} + \frac{1}{3} =$ _____

40. Resta $\frac{3}{4}$ de 1.

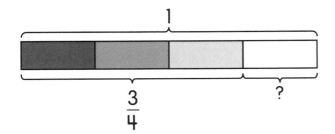

$1 - \frac{3}{4} =$ _____

Resuelve.
Dibuja modelos de barras para que te sirvan de ayuda.
Estima para comprobar tus resultados.

41. Teri dobla 32 pedazos de papel.
Su hermana dobla 19 pedazos.
¿Cuántos pedazos doblaron entre las dos?

Doblaron _____ pedazos en total.

42. Edwin tiene 83¢.
Su padre le da 25¢ más.
¿Cuánto dinero tiene ahora?

Ahora tiene $ _____ .

43. Jonás tiene que entregar 34 periódicos.
Todavía le quedan 11 periódicos para entregar.
¿Cuántos periódicos ha entregado hasta ahora?

Ha entregado _____ periódicos.

44. Adam quiere comprar un bate que cuesta $23 y un guante de béisbol que cuesta $17.
Tiene $19 ahorrados.
¿Cuánto dinero más necesita?

Necesita $_____ más.

45. Una goma de borrar cuesta 16¢ y un lápiz cuesta 70¢.
Marian compra dos gomas de borrar y un lápiz.
¿Cuánto gastó?

Marian gastó $ _____.

46. La señora Barry tiene $200 para comprar ropa nueva. Redondea el costo de cada artículo hasta la decena más cercana. Luego, estima el costo total.

Un pantalón cuesta $44.

a. 44 es _____ cuando se lo redondea hasta la decena más cercana.

Un par de zapatos cuesta $59.

b. 59 es _____ cuando se lo redondea hasta la decena más cercana.

Un par de calcetines cuesta $5.

c. 5 es _____ cuando se lo redondea hasta la decena más cercana.

Una blusa cuesta $28.

d. 28 es _____ cuando se lo redondea hasta la decena más cercana.

El costo total es $ _____.

¿Tiene la señora Barry suficiente dinero para pagar todos los artículos? Explica tu respuesta.

_____

_____

CAPÍTULO 13 Medidas usuales de longitud

Práctica 1   Medir en pies

Observa las ilustraciones.
Completa los espacios en blanco con *más* o *menos*.

1.

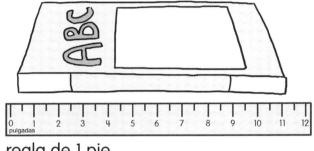

regla de 1 pie

La longitud del libro

es _____ que 1 pie.

2.

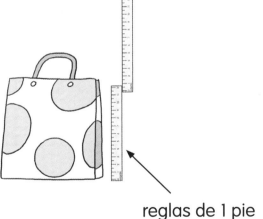

reglas de 1 pie

La altura del bolso

es _____ que 1 pie.

3.

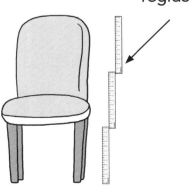

La altura de la silla

es _____ que 2 pies.

Completa los espacios en blanco.

4. Se usan reglas de 1 pie para comparar dos cintas.

Cinta A   Cinta B

a. ¿Cuál cinta mide aproximadamente 1 pie de longitud? _____

Completa los espacios en blanco con *más* o *menos*.

b. La cinta A mide _____ que 2 pies de longitud.

c. La cinta B mide _____ que 2 pies de longitud.

5. Se usan reglas de 1 pie para medir un tablero de anuncios.

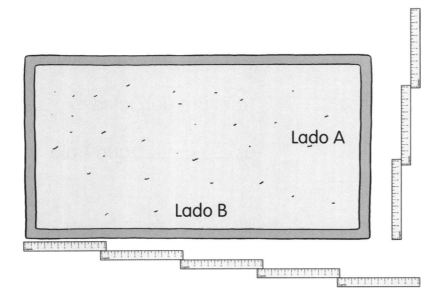

Lado A

Lado B

a. ¿Cuál lado del tablero mide aproximadamente 5 pies de longitud?

_____

b. El lado A mide menos que _____ pies.

c. El lado B mide menos que _____ pies.

Observa la lista.
Marca la columna correcta con (✓).
Usa una regla de 1 pie para medir los objetos.

	Objeto	Menos que 1 pie	Más que 1 pie	Más que 3 pies
6.	paraguas			
7.	pizarrón			
8.	zapato			
9.	caja de papel de seda			
10.	librero			

Observa el salón de clases y nombra objetos que coincidan con cada longitud.

11.

Longitud	Objetos
Menos que 1 pie de longitud	
Aproximadamente 1 pie de longitud	
Más que 1 pie de longitud	

Usa una cuerda y una regla de 1 pie para medir.
Luego, completa los espacios en blanco.

12. Con un lápiz, marca en la cuerda la longitud que crees que es 1 pie.
Luego, usa una regla para medir la longitud.
¿Marcaste más o menos que 1 pie en tu cuerda?

_____

13. Ahora, marca en la cuerda la longitud que piensas que son 2 pies.
Luego, usa una regla para medir la longitud.
¿Marcaste más o menos que 2 pies en tu cuerda?

_____

Práctica 2   Comparar longitudes en pies

Completa los espacios en blanco.

1.   Observa las dos cuerdas para saltar.

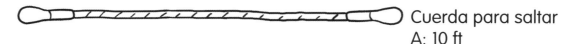

Cuerda para saltar A: 10 ft

Cuerda para saltar B: 5 ft

   a.   ¿Cuál cuerda es más larga? la cuerda para saltar _____

   b.   ¿Cuánto más larga es? _____ ft

2.   Observa los árboles.

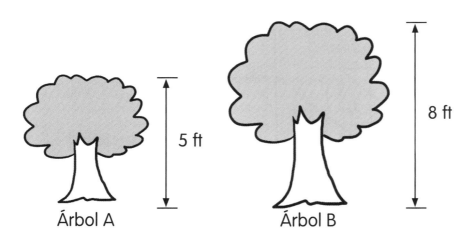

5 ft

8 ft

Árbol A   Árbol B

   a.   ¿Cuál árbol es más alto? el árbol _____

   b.   ¿Cuánto más alto es? _____ ft

Responde a las preguntas.
Observa los lados del rectángulo.

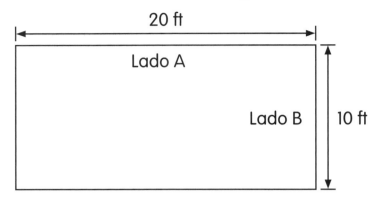

3. ¿Cuál es el lado más largo: A o B? el lado _____

4. ¿Cuánto más largo es? _____ ft

5. Observa los caminos.

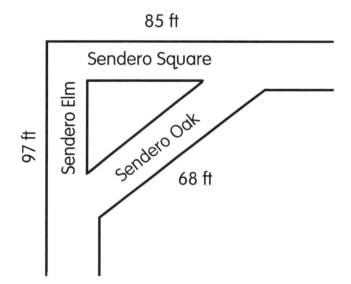

    a. ¿Cuál sendero es el más largo? el sendero _____

    b. ¿Cuánto más largo es el sendero Elm que el sendero Square?
         _____ ft

    c. El sendero Elm es _____ pies más largo que el sendero Oak.

Práctica 3 Medir en pulgadas

1. Marca con (✓) la manera correcta de medir la longitud del lápiz.

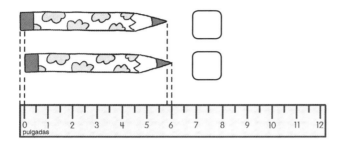

Usa una regla en pulgadas para medir cada línea recta. Luego, responde a las preguntas.

Línea recta A |————————————————————|

Línea recta B |———————————————————————————|

2. ¿Cuánto mide la línea recta A? _____ pulg

3. ¿Cuánto mide la línea recta B? _____ pulg

Usa una cuerda y una regla en pulgadas para medir cada curva.

4.

_____ pulg

5.

_____ pulg

Completa los espacios en blanco.

6.

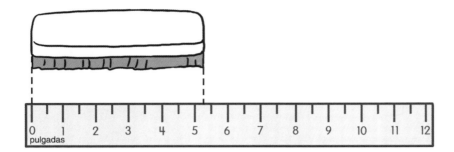

El borrador mide aproximadamente _____ pulgadas de longitud.

7.

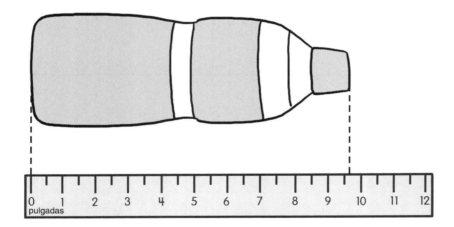

La botella mide aproximadamente _____ pulgadas de longitud.

8.

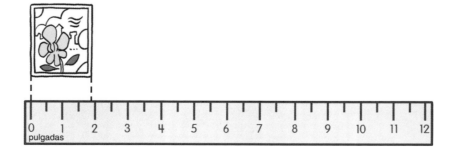

El adhesivo mide aproximadamente _____ pulgadas de longitud.

Nombre: _____   Fecha: _____

Completa los espacios en blanco.

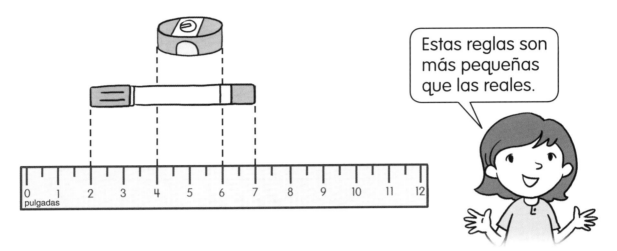

Estas reglas son más pequeñas que las reales.

9. El marcador mide _____ pulgadas de longitud.

10. El sacapuntas mide _____ pulgadas de longitud.

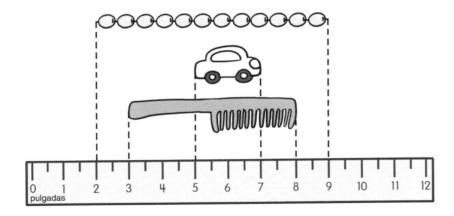

11. La longitud del peine es _____ pulgadas.

12. La longitud del collar de cuentas es _____ pulgadas.

13. La longitud del automóvil de juguete es _____ pulgadas.

Usa tu regla en pulgadas para dibujar:

14. una línea recta A que mida 4 pulgadas de longitud.

15. una línea recta B que mida 2 pulgadas de longitud.

16. una línea recta C que mida 5 pulgadas de longitud.

17. una línea recta D que mida 1 pulgada de longitud.

18. una línea recta E que mida 2 pulgadas menos
que la línea recta C.

19. una línea recta F que mida 3 pulgadas más que
la línea recta D.

Práctica 4   Comparar longitudes en pulgadas

Observa los dibujos.
Luego, completa los espacios en blanco.

1.   ¿Cuál es más largo? el dibujo _____

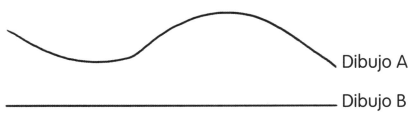

Dibujo A

Dibujo B

2.   ¿Cuál es el más largo?

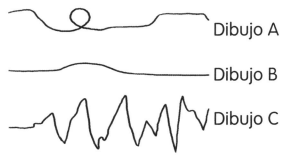

Dibujo A

Dibujo B

Dibujo C

El dibujo _____ es el más corto.

El dibujo _____ es el más largo.
Explica tus respuestas.

_____

_____

_____

Completa los espacios en blanco.

3.

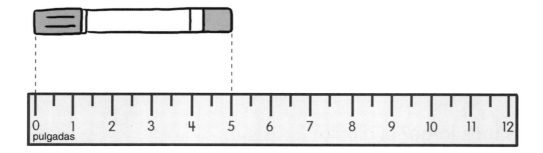

El marcador mide _____ pulgadas de longitud.

4.

La goma de borrar mide _____ pulgada de longitud.

5.

La llave mide _____ pulgadas de longitud.

Estas reglas son más pequeñas que las reales.

Completa los espacios en blanco.

6.

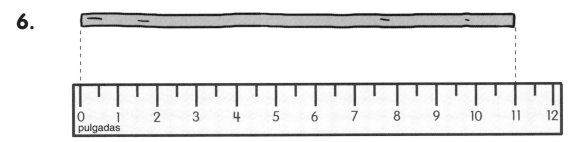

El palito mide _____ pulgadas de longitud.

7.

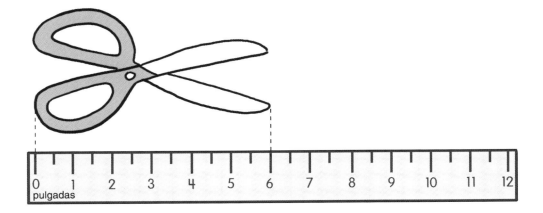

Las tijeras miden _____ pulgadas de longitud.

Usa tus respuestas de los ejercicios 3 a 7.
Completa los espacios en blanco con *más largo* o *más corto.*

8. El palito es _____ que la goma de borrar.

9. La llave es _____ que las tijeras.

10. La goma de borrar es _____ que el marcador.

Usa tus respuestas de los ejercicios 3 a 7.
Completa los espacios en blanco.

11. Las tijeras miden _____ pulgadas más que la llave.

12. El marcador mide _____ pulgadas menos que el palito.

13. El objeto más largo es _____.

14. El objeto más corto es _____.

Práctica 5   Problemas cotidianos: Longitud en el sistema usual

Resuelve.

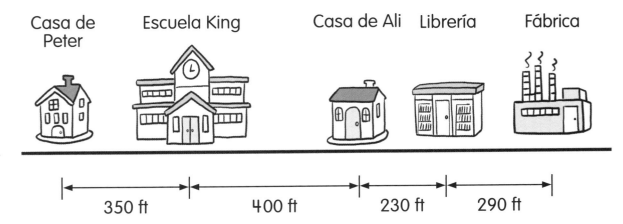

| Casa de Peter | Escuela King | Casa de Ali | Librería | Fábrica |

350 ft   400 ft   230 ft   290 ft

1. ¿Qué distancia recorre Ali desde su casa hasta la escuela King?   _____ ft

2. ¿Qué distancia hay entre la casa de Peter y la librería?   _____ ft

3. ¿Quién vive más cerca de la escuela King, Ali o Peter?   _____

4. ¿Cuánto más cerca?   _____ ft

5. Ali va a la librería desde su casa y, después, a la escuela. ¿Qué distancia recorre?   _____ ft

6. Peter salió de su casa para caminar hasta la casa de Ali.
Ya recorrió 400 pies.
¿Cuánto más le queda por caminar?   _____ ft

Resuelve.

7. Un mástil mide 6 pies de altura.
    Está sobre un edificio de 26 pies de altura.
    ¿A qué altura del suelo está la punta del mástil?

    La punta del mástil está a _____ pies del suelo.

8. Una cuerda se corta en 3 partes.
    Las partes miden 14 pies, 16 pies y 20 pies.
    ¿Cuánto medía la cuerda antes de cortarla?

    La cuerda medía _____ pies.

9. Se entierra un mástil que mide 156 pulgadas de altura.
    38 pulgadas del mástil quedan debajo de la superficie.
    ¿Cuánto queda encima de la superficie?

    _____ pulgadas del mástil quedan encima de la superficie.

Resuelve.
Muestra el proceso.
Usa modelos de barras como ayuda.

— **Ejemplo** —

La longitud total de dos maderas es 36 pies.
La primera madera mide 27 pies de longitud.

a.   ¿Cuál es la longitud de la segunda madera?

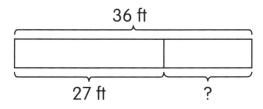

36 ft

27 ft   ?

La longitud de la segunda madera es ____9____ pies.

b.   ¿Cuánto más corta es la segunda madera que la primera?

27 − 9 = 18

La segunda madera es ____18____ pies más corta que
la primera.

10.   James mide 57 pulgadas de estatura.
James es 8 pulgadas más alto que Sam.
Sam es 2 pulgadas más alto que Brian.
¿Cuál es la estatura de Brian?

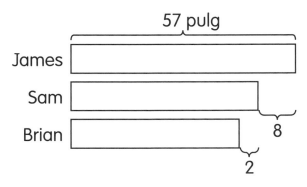

57 pulg

James

Sam

Brian   8

2

Brian mide _____ pulgadas.

11. Marcus tiene 3 rollos de cable que miden 67 pies en total.
El primer rollo mide 32 pies.
El segundo rollo mide 17 pies.
¿Cuánto mide el tercer rollo?

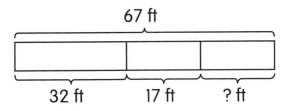

El tercer rollo mide _____ pies de longitud.

Resuelve.
Muestra el proceso .
Dibuja modelos de barras como ayuda.

12. Una cuerda mide 500 pulgadas de longitud.
Nicole usa 142 pulgadas de la cuerda para atar un paquete.
Le da 75 pulgadas a Susan.
¿Cuánto mide de longitud la cuerda que le quedó a Nicole?

La cuerda mide _____ pulgadas de longitud.

¡Ponte la gorra de pensar!

Práctica avanzada

1. Hay tres dibujos: A, B y C.
A continuación, se muestra el dibujo A.

├─────────────────────────────────┤ Dibujo A

El dibujo B mide 12 pulgadas más que el dibujo A.
El dibujo C mide 4 pulgadas menos que el dibujo B.
¿Cuánto mide el dibujo C?

2. Tom y Lionel suben a un árbol.
Primero, tienen que subir por una escalera y, luego, trepan
por las ramas.
La escalera mide 6 pies de altura.
Tom sube 4 pies desde la escalera hasta una rama.
Lionel sube 2 pies desde la escalera hasta otra rama.
¿Cuál es la distancia total que treparon Tom y Lionel
entre los dos?

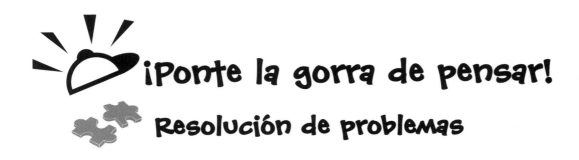

¡Ponte la gorra de pensar!

Resolución de problemas

Resuelve.

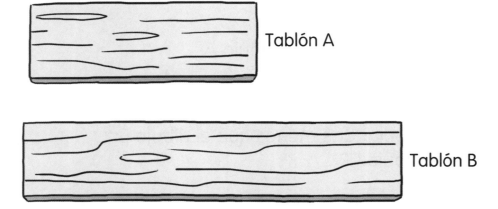

Tablón A

Tablón B

Hay dos tablones: A y B.

La longitud total de los dos tablones es 28 pies.

El tablón B mide al menos 5 pies más que el tablón A, pero la diferencia no es mayor que 12 pies.

¿Cuáles son las posibles longitudes de los dos tablones?

Nombre: _____ Fecha: _____

Repaso/Prueba del capítulo

Vocabulario

**Completa los espacios en blanco.
Usa las palabras del recuadro.**

pie/pies

pulgada/pulgadas

más alto

más corto

1. Las longitudes cortas se miden en _____

   y las longitudes largas, en _____.

2.

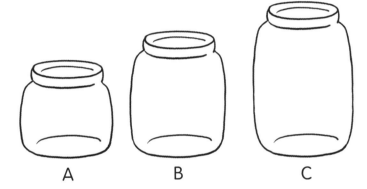

A   B   C

El frasco de galletas C es el _____.

3. 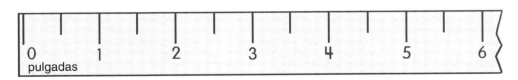 de Simone

de Annie

El collar de cuentas de Annie es 2 pulgadas _____
que el de Simone.

Conceptos y destrezas

Marca con (✔) las respuestas correctas.

4. ¿Cuál es la longitud de tu libro de matemáticas?

Longitud	Marca
Aproximadamente 1 pie	
Menos que 1 pie	
Más que 1 pie	

5. ¿Cuál es la altura de tu escritorio?

Altura	Marca
Aproximadamente 2 pies	
Menos que 2 pies	
Más que 3 pies	
Menos que 3 pies	

6. ¿Cuál es la altura de tu salón de clases?

Altura	Marca
Aproximadamente 20 pies	
Menos que 20 pies	
Más que 10 pies	
Menos que 10 pies	

Observa los objetos medidos.

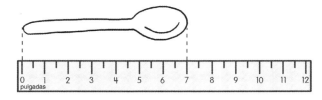

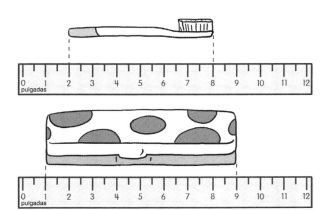

Luego, completa los espacios en blanco.

7. cuchara: _____ pulg

8. cepillo de dientes: _____ pulg

9. estuche para lápices: _____ pulg

10. El estuche para lápices mide _____ pulgadas más que la cuchara.

11. _____ es el objeto más corto.

12.

La foto mide aproximadamente _____ pulgadas de longitud.

13. Usa una regla para dibujar una parte de una línea que mida 7 pulgadas de longitud.

Resolución de problemas

Resuelve.
Muestra el proceso.
Dibuja modelos de barras como ayuda.

14. La señora Cooper usó 86 pies de estambre amarillo y 123 pies de estambre azul para hacer un suéter.

    a. ¿Cuál es la longitud total de estambre que usó la señora Cooper para hacer el suéter?

        La longitud total de estambre es _____ pies.

    b. ¿Cuánto estambre azul más que amarillo usó la señora Cooper?

        La señora Cooper usó _____ pies más de estambre azul que de amarillo.

15. Un librero mide 50 pulgadas de altura.
Mide 15 pulgadas menos que una escalera.
¿Cuánto mide la escalera?

La escalera mide _____ pulgadas de altura.

La hora

Práctica 1   El minutero

1.   Completa las casillas con el número de minutos.

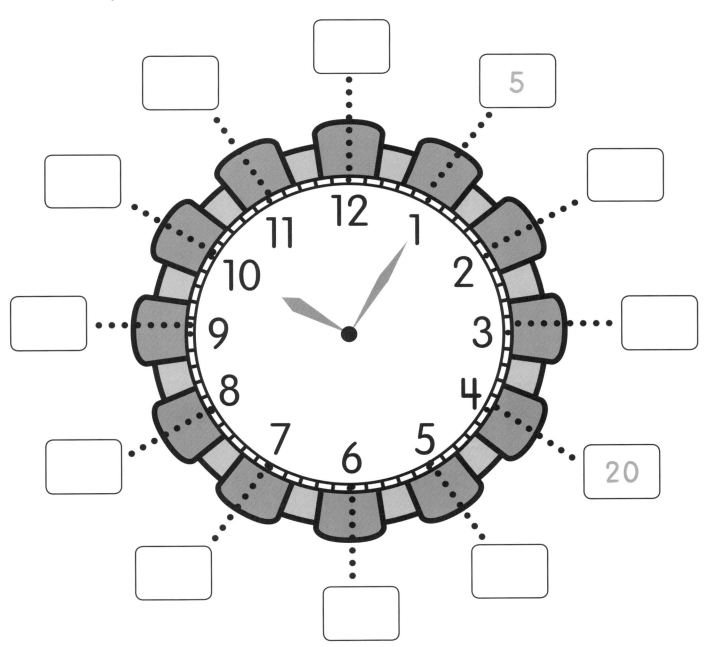

Completa los espacios en blanco.

Ejemplo

El minutero es más largo que el horario.

El minutero indica ____30____ minutos.

2.

El minutero indica _____ minutos.

3.

El minutero indica _____ minutos.

4.

El minutero indica _____ minutos.

Escribe la hora.

5.

_____

_____ minutos después de las 3 en punto.

6.

_____

_____ minutos después de las 7 en punto.

7.

_____

_____ minutos después de las 10 en punto.

Dibuja el minutero para mostrar la hora.

8.   15 minutos después de las 4 en punto.

9.   40 minutos después de las 6 en punto.

10.   50 minutos después de la 1 en punto.

11.   35 minutos después de las 10 en punto.

Práctica 2   Leer y escribir la hora

Escribe la hora en palabras.

Ejemplo

diez y cincuenta o
50 minutos después
de las 10

1.

_____

2.

_____

3.

_____

4.

_____

5.

_____

Escribe la hora.

Ejemplo

Son las ___7:40___.

6.

Es la _____.

7.

Son las _____.

8.

Son las _____.

9.

Son las _____.

10.

Son las _____.

Dibuja el minutero para mostrar la hora.

Ejemplo

Son las 3:55.

11.

Son las 6:30.

12.

Son las 10:15.

13.

Son las 8:00.

14.

Son las 12:40.

15.

Son las 9:05.

Dibuja el horario para mostrar la hora.

Ejemplo

Son las 10:00.

16.

Son las 11:30.

17.

Son las 7:15.

18.

Son las 4:20.

19.

Son las 2:50.

20.

Son las 3:40.

Las 10:00 → son las 10

Dibuja las manecillas para mostrar la hora.

Ejemplo

Son las 7:15.

21.

Son las 4:30.

22.

Es la 1:20.

23.

Son las 9:25.

24.

Son las 7:00.

25.

Son las 9:50.

Dibuja las manecillas para mostrar la hora.
Luego, escribe la hora en palabras.

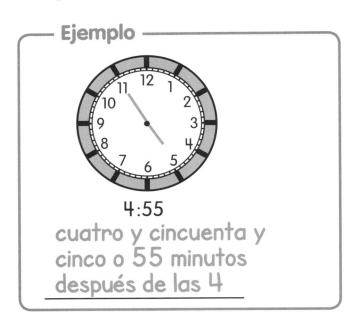

Ejemplo

4:55

cuatro y cincuenta y cinco o 55 minutos después de las 4

26.

5:10

_____

27.

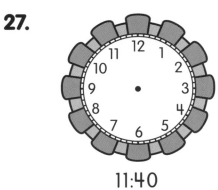

11:40

28.

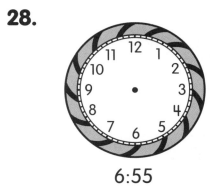

6:55

_____

29.

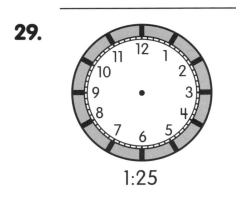

1:25

_____

30.

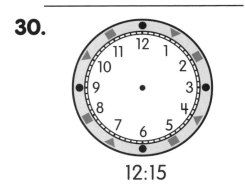

12:15

_____

Práctica 3   Usar a.m. y p.m.

Escribe a.m. o p.m.

Ejemplo

Sam se despierta a las 6:30 ____a.m.____

1.

Sus abuelos comienzan sus

ejercicios diarios a las 6:50 _____

2.

A veces, Sam anda en bicicleta

por la tarde a las 2:50 _____

Escribe a.m. o p.m.

3. El sol se pone aproximadamente

a las 7:25 _____

4.

A las 6:30 _____, Sam cena

con su amiga.

5.

A su padre le gusta salir a correr por la noche.

A menudo, sale a correr a las 8:30 _____

6. Denise y su madre terminaron de hacer las compras a las 10:30 _____

7. La familia almorzó a las 12:30 _____

8. Llegaron a la casa a las 11:00 _____

Escribe a.m. o p.m.

9. Denise se despertó a las 7:30 _____

10. Denise y su madre salieron a hacer las compras a las 9:30 _____

11. Denise ayudó a su madre a ordenar las compras.
Luego, comenzaron a preparar el almuerzo a las 11:30 _____

**12. Haz una lista de las horas que aparecen en los ejercicios 6 a 11.
Ordénalas a partir del comienzo del día.**

_____

Comienzo

Práctica 4   El tiempo transcurrido

Completa los espacios en blanco con la hora.

Dibuja las manecillas en el reloj para comprobar tu respuesta.

Ejemplo

Las _____ es 1 hora después de las

5:00   4:00

1.

Las _____ es 1 hora antes de las

11:00   _____

2.

Las _____ es 1 hora después de las

8:00   _____

Escribe *antes* o *después*.

Ejemplo

 Las ___ es 1 hora __antes__ de las ___

3.

 Las ___ es 1 hora _____ de las ___

4.

 Las ___ es 1 hora _____ de las ___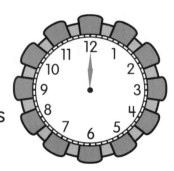

5.

 Las ___ es 1 hora _____ de las ___

© Marshall Cavendish International (Singapore) Private Limited.

Completa los espacios en blanco con la hora.
Dibuja las manecillas en el reloj para comprobar tu respuesta.

Ejemplo

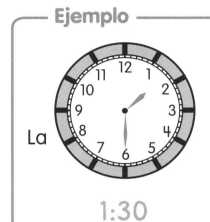

La   son 30 minutos antes de las

1:30   2:00
_____   _____

6.

Las   son 30 minutos después de las

_____   8:00

7.

Las   son 30 minutos antes de las

_____   10:00

Escribe *antes* o *después*.

Ejemplo

 Las son 30 minutos _____ de las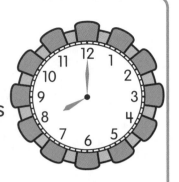
despúes

8.

 Las son 30 minutos _____ de las

9.

 Las son 30 minutos _____ de las

10.

 Las son 30 minutos _____ de las

Dibuja las manecillas en el reloj.
Luego, escribe la hora.

11.

La  son 30 minutos después de la

_____ _____

12.

Las  es 1 hora después de la

_____ _____

13.

Las  son 30 minutos antes de las

_____ _____

Escribe *antes* o *después*.

Luego, dibuja las manecillas en el reloj.

14.

Las  es 1 hora _____ de las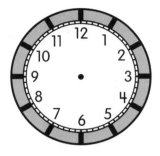

7:00   6:00

15.

Las  es 1 hora _____ de las

6:30   7:30

16.

Las  son 30 minutos _____ de las

6:00   6:30

Completa los espacios en blanco con el número de minutos u horas.

17. El capitán James partió del muelle a las 8:00 a.m. y llegó a la costa a las 8:30 a.m.

Comienzo   Fin

¿Cuánto duró el viaje? _____

18. Peter jugó al básquetbol desde las 6:00 p.m. hasta las 7:00 p.m.

Comienzo   Fin

¿Cuánto tiempo jugó? _____

Diario de matemáticas

Halla los errores.
Encierra en un círculo los errores.
Luego, corrígelos.

1.

Alberto escribió: Son las 4:25.

_____

2. Keisha dibujó las manecillas en el reloj para mostrar las 7:55.
Lo hizo así.

¡Ponte la gorra de pensar!

Práctica avanzada

Observa la ilustración.
¿Dónde puede estar el minutero?
Dibújalo en la esfera del reloj.
Explica tu respuesta.

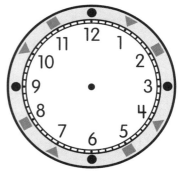

¡Ponte la gorra de pensar!

Resolución de problemas

¿A qué hora terminó Kyle su tarea?
Usa las siguientes pistas para descubrirlo.

> Kyle tardó 1 hora en escribir su cuento.
> Tardó otros 30 minutos en colorear las ilustraciones.
> Kyle comenzó a hacer su tarea a las 6.00 p.m.

 1 hora después →  30 minutos después →

6:00 p.m.   _____   _____

Repaso/Prueba del capítulo

Vocabulario

Completa los espacios en blanco con la respuesta correcta.

minutos	horas	a.m.	p.m.

1. 60 _____ es igual a 1 hora.

2. Usa _____ para hablar de las horas desde justo después de la medianoche hasta justo antes del mediodía.

3. Usa _____ para hablar de las horas desde justo después del mediodía hasta justo antes de la medianoche.

4. Usa un reloj para decir la hora en _____ y minutos.

Conceptos y destrezas

Escribe la hora en números y en palabras.

5.

_____

_____

6.

_____

_____

Dibuja las manecillas en el reloj para mostrar la hora.

7.

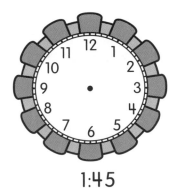

1:45

8.

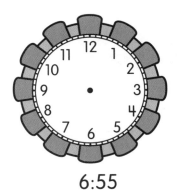

6:55

Escribe a.m. o p.m.

9. Katy va a la escuela a las 7:15 _____

10. Regresa a su casa después de la escuela a las 3:00 _____

Halla la hora.

11. 30 minutos antes de las 6:00 p.m. son las _____

12. 30 minutos después del mediodía son las _____

13. 1 hora antes de las 3:30 a.m. son las _____

14. 1 hora después de la medianoche es la _____

Resolución de problemas

Resuelve.

15. Annie tardó 30 minutos en hacer su tarea de matemáticas.
Comenzó a las 6:30 p.m.
¿A qué hora terminó? _____

16. Pedro tiene clase de natación de 5:00 p.m.
a 6:00 p.m. ¿Cuánto dura su clase de natación? _____

Repaso acumulativo

de los Capítulos 13 y 14

Conceptos y destrezas

Completa los espacios en blanco.

regla en pies

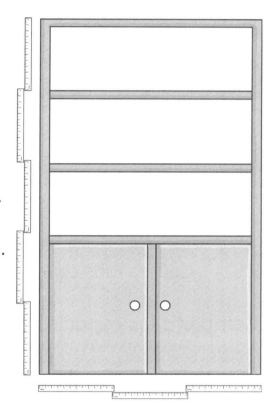

1.   La biblioteca mide _____ pies de altura.

2.   La biblioteca mide _____ pies de ancho.

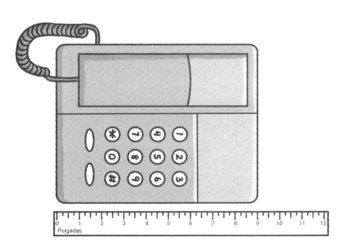

3.   El teléfono mide _____ pulgadas de longitud.

Completa los espacios en blanco con *pies* o *pulgadas*.

4. Un automóvil mide aproximadamente 8 _____ de longitud.

5. La empuñadura del manubrio de una bicicleta mide aproximadamente 6 _____ de longitud.

Observa los dibujos.
Luego, completa los espacios en blanco.

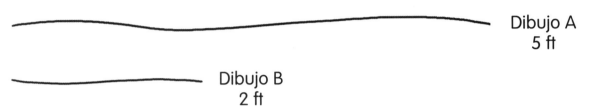

Dibujo A
5 ft

Dibujo B
2 ft

6. ¿Cuál dibujo es más corto?_____

7. ¿Cuánto más corto es? _____ pies

Completa los espacios en blanco.

26 ft

8 ft

?

8. El árbol mide aproximadamente _____ pies menos que la casa.

9. El árbol mide aproximadamente _____ pies de altura.

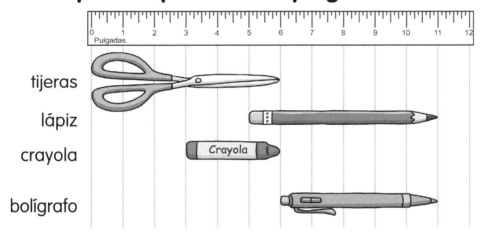

10. El lado A es _____ pulgadas más largo que el lado B.

11. La longitud total de los dos lados es _____.

Usa la ilustración para responder a las preguntas.

12. ¿Cuánto mide de longitud el bolígrafo? _____

13. ¿Cuál es más largo: las tijeras o el bolígrafo? _____

14. El objeto más corto es _____.

15. ¿Cuáles dos objetos tienen la misma longitud? _____

16. La longitud total de 2 bolígrafos y 3 crayolas es _____ pulgadas.

17. La longitud de _____ crayolas es mayor que la longitud de 2 bolígrafos.

Dibuja las manecillas para mostrar la hora.
Luego, completa los espacios en blanco.

18.

Son las 4:15.

Son 15 minutos después de las _____ en punto.

19.

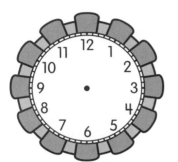

Son las 9:55.

Son _____ minutos después de las 9 en punto.

20.

Son las 6:45.

Son _____ minutos después de las 6 en punto.

21.

Son las 11:15.

Son 15 minutos después de las _____ en punto.

Nombre: ______________________ Fecha: ______________

Empareja.
Luego, escribe la hora en palabras debajo de cada reloj digital.

22.

23.

____

____

24.

25.

____

____

26.

27.

____

____

Completa los espacios en blanco con a.m. o p.m.

28. Los sábados, por lo general, Marjorie se despierta a las 8:00

_____

29. Almuerza en la casa de sus abuelos a las 12:30 _____

30. Ayuda a su mamá con las tareas del hogar a las 9:30 _____

31. Juega juegos de mesa con su abuelo a las 3:00 _____

32. Vuelve a su casa a las 5:00 _____

Ahora, haz una lista de las horas que aparecen en los ejercicios 28 a 32. Ordénalas a partir del comienzo del día.

33. _____ _____ _____

_____ _____

Completa los espacios en blanco con la hora.
Dibuja las manecillas en el reloj para comprobar las respuestas.

34.

1:00

es 1 hora
después
de las

_____

35.

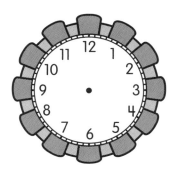   es 1 hora antes
de las

_____

10:30

36.

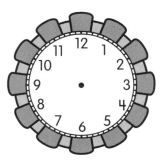   es 30 minutos
después de las

_____

11:00

37.

   es 30 minutos antes
de las

2:00

_____

Completa los espacios en blanco con las palabras *antes* o *después*.

38.

   es 1 hora _____ de las

39.

   es 1 hora _____ de las

40.

   es 30 minutos _____ de las

41.

   es 30 minutos _____ de las

Resolución de problemas

Resuelve.

Dibuja modelos de barras como ayuda.

42. Ben usa un pedazo de cuerda para formar un triángulo.

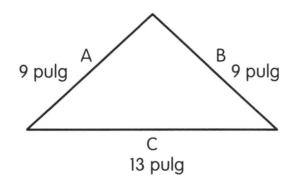

    a. ¿Cuánto mide la cuerda?

    b. ¿Cuánto más mide la suma de los dos lados más cortos que el lado más largo del triángulo?

    a. La cuerda mide _____ pulgadas de longitud.

    b. La suma de los dos lados más cortos es _____ pulgadas mayor que el lado más largo.

43. La cuerda A mide 56 pies de longitud.
La cuerda B es 47 pies más larga que la cuerda A.
La cuerda C es 71 pies más corta que la cuerda B.

    a. ¿Cuánto mide la cuerda B?

    b. ¿Cuánto mide la cuerda C?

    a. La cuerda B mide _____ pies de longitud.

    b. La cuerda C mide _____ pies de longitud.

44. Jason mide 71 pulgadas de alto.
Rodney mide 12 pulgadas menos que Jason.
Marco mide 18 pulgadas más que Rodney.

    a. ¿Cuánto mide Rodney?

    b. ¿Cuánto mide Marco?

    a. Rodney mide _____ pulgadas de alto.

    b. Marco mide _____ pulgadas de alto.

45.

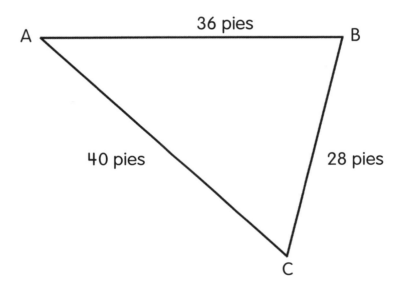

    a. Adam camina del punto A al punto C pasando por el punto B.

       ¿Qué distancia camina? _____

    b. Susan camina del punto B al punto A pasando por el punto C.

       ¿Qué distancia camina? _____

    c. ¿Quién camina más? _____

       ¿Cuánto más camina? _____

CAPÍTULO 15 Tablas de multiplicación de 3 y 4

Práctica 1   Multiplicar por 3: Contar salteado

Empareja las formas que tienen igual valor.

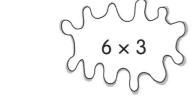 6 × 3

24

8 grupos de 3

1.  4 × 3

18

30

2. 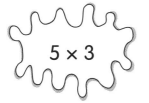 5 × 3

12

15

3.  10 × 3

10 grupos de 3

4.  8 × 3

4 grupos de 3

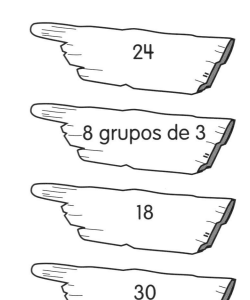
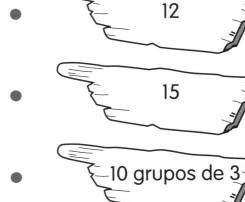

Cuenta de 3 en 3.
Luego, completa los espacios en blanco.

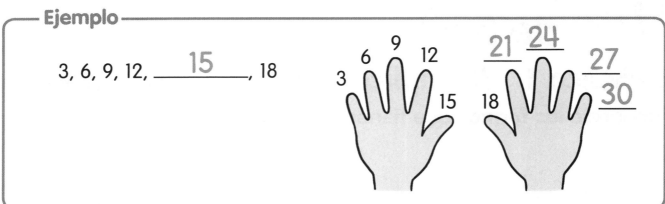

— **Ejemplo** —

3, 6, 9, 12, _____15_____, 18

3 6 9 12 15 18 21 24 27 30

5.   9, 12, 15, _____, _____, _____, _____

6.   12, _____, 18, 21, _____, _____, 30

Completa los espacios en blanco.

7.   4 × 3 = _____   **8.**   2 × 3 = _____

9.   6 × 3 = _____   **10.**   8 × 3 = _____

11.   9 × 3 = _____   **12.**   7 × 3 = _____

13.   3 × 3 = _____   **14.**   10 × 3 = _____

Resuelve.

15.   Andrea tiene 5 floreros.
           En cada florero hay 3 rosas.
           ¿Cuántas rosas hay en total?

           5 × 3 = _____

           Hay _____ rosas en total.

Práctica 2   Multiplicar por 3: Usar papel punteado

Usa papel punteado para resolver.

Ejemplo

Sally compra 4 faroles.
Cada farol cuesta $3.
¿Cuánto pagó Sally por los faroles?

$3 $3 $3 $3

```
    1  2  3
 1  O  O  O
 2  O  O  O
 3  O  O  O
 4  O  O  O
```

4 × $3 = $___12___

Sally pagó $___12___ por los faroles.

1. Nicole compra 6 tazones para sopa.
Cada tazón cuesta $3.
¿Cuánto pagó Nicole por todos los tazones?

$3 $3 $3 $3 $3 $3

```
    1  2  3
 1  O  O  O
 2  O  O  O
 3  O  O  O
 4  O  O  O
 5  O  O  O
 6  O  O  O
```

_____ × $3 = $_____

Nicole pagó $_____ por todos los tazones.

Usa papel punteado para resolver.

2. Hay 7 triciclos.
Cada triciclo tiene 3 ruedas.
¿Cuántas ruedas hay en total?

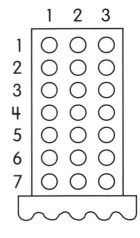

_____ × _____ = _____

Hay _____ ruedas en total.

3. Hay 8 grupos de niños en la clase.
En cada grupo hay 3 niños.
¿Cuántos niños hay en la clase?

_____ × _____ = _____

Hay _____ niños en la clase.

Nombre: _____   Fecha: _____

Usa papel punteado como ayuda para completar los espacios en blanco.

Ejemplo

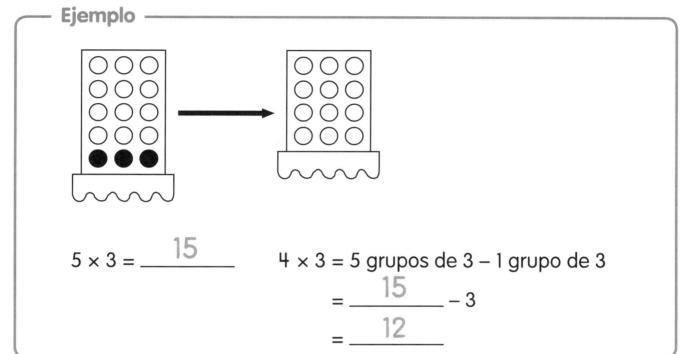

$5 \times 3 =$ __15__ $4 \times 3 = 5$ grupos de $3 - 1$ grupo de 3

$= $ ___15___ $- 3$

$= $ ___12___

4.

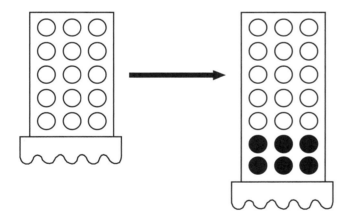

$5 \times 3 =$ _____ $7 \times 3 = 5$ grupos de $3 +$ _____ grupos de 3

$= $ _____ $+$ _____

$= $ _____

Usa papel punteado como ayuda para completar los espacios en blanco.

5.

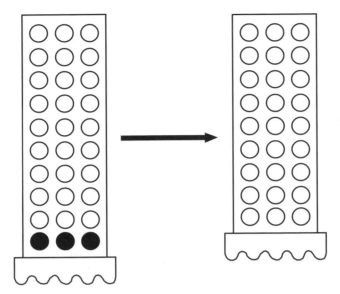

10 × 3 = _____   9 × 3 = 10 grupos de 3 − _____ grupo de 3

= _____ − _____

= _____

6.

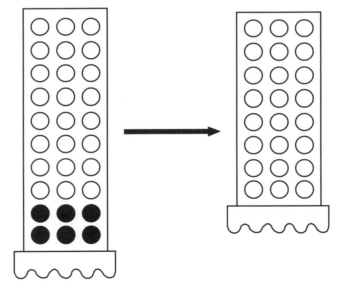

10 × 3 = _____   8 × 3 = 10 grupos de 3 − _____ grupos de 3

= _____ − _____

= _____

Usa papel punteado como ayuda para completar los espacios en blanco.

Ejemplo

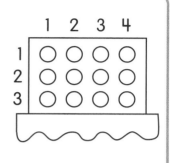

__4__ × 3 = 12

3 × __4__ = 12

7. _____ × 3 = 18

3 × _____ = 18

8. _____ × 3 = 21

3 × _____ = 21

9. 8 × 3 = _____

3 × 8 = _____

10. _____ × 3 = 27

3 × _____ = 27

Diario de matemáticas

Estas cajas de alimentos se venden en un supermercado.
Usa las cajas para escribir un cuento de multiplicación.

$3

$4

Ejemplo

Quiero comprar 4 cajas de cereales.

Deberé pagarle al cajero $16.

Cuento

_____

_____

_____

Nombre: _____   Fecha: _____

Práctica 3 Multiplicar por 4: Contar salteado

Empareja.

8 × 4

| 4 grupos de 4 |

1.

7 × 4

| 2 grupos de 4 |

2.

2 × 4

| 7 grupos de 4 |

3.

4 × 4

| 8 grupos de 4 |

Cuenta de 4 en 4.
Luego, completa los espacios en blanco.

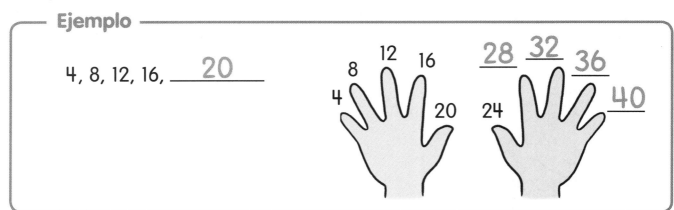

Ejemplo

4, 8, 12, 16, _____20_____

4 8 12 16 20   24 28 32 36 40

4.   12, 16, 20, _____, _____, _____, _____

5.   16, _____, 24, 28, _____, _____, 40

Completa los espacios en blanco.

6.   3 × 4 = _____   **7.**   6 × 4 = _____

8.   2 × 4 = _____   **9.**   8 × 4 = _____

10. 9 × 4 = _____   **11.** 4 × 4 = _____

12. 10 × 4 = _____   **13.** 7 × 4 = _____

Resuelve.

14. Hay 5 estuches para lápices.
        Hay 4 gomas de borrar en cada estuche.
        ¿Cuántas gomas de borrar hay en total?

        5 × 4 = _____

        Hay _____ gomas de borrar en total.

Práctica 4   Multiplicar por 4: Usar papel punteado

Resuelve.

Ejemplo

Hay 3 cajas de crayolas.
Hay 4 crayolas en cada caja.
¿Cuántas crayolas hay en total?

     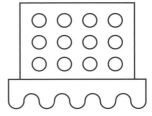

3 × 4 = _____12_____

Hay _____12_____ crayolas en total.

---

1.   Hay 6 automóviles de juguete en una caja.
Cada automóvil tiene 4 ruedas.
¿Cuántas ruedas hay en total?

_____ × 4 = _____

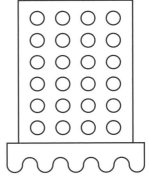

Hay _____ ruedas en total.

Usa papel punteado para resolver.

2. La señora Jones compra 5 camisetas.
Cada camiseta cuesta $4.
¿Cuánto gastó la señora Jones en total?

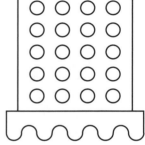

_____ × $4 = $_____

La señora Jones gastó $_____ en total.

3. Hay 8 bolsas.
En cada bolsa hay 4 pastelitos.
¿Cuántos pastelitos hay en total?

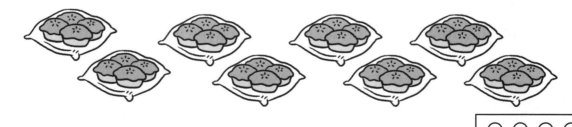

_____ × _____ = _____

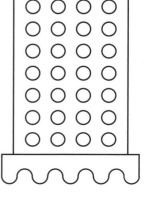

Hay _____ pastelitos en total.

Nombre: _____ Fecha: _____

Usa papel punteado para completar los espacios en blanco.

Ejemplo

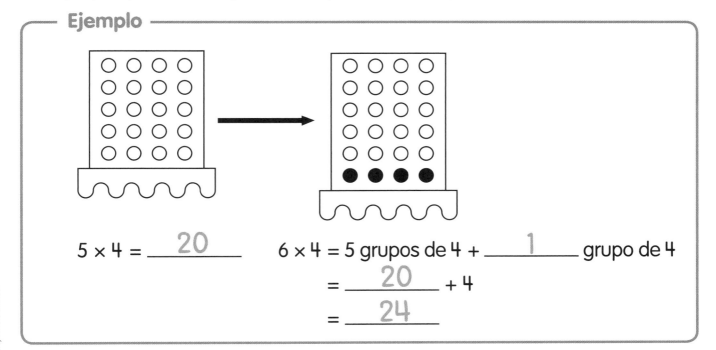

$5 \times 4 =$ ____20____ $6 \times 4 = 5$ grupos de $4 +$ ___1___ grupo de 4

$=$ ___20___ $+ 4$

$=$ ___24___

4.

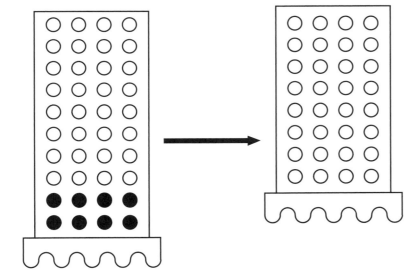

$10 \times 4 =$ _____ $8 \times 4 = 10$ grupos de $4 -$ _____ grupos de 4

$=$ _____ $- 8$

$=$ _____

5. $7 \times 4 =$ _____ $+ 8$ **6.** $9 \times 4 =$ _____ $- 4$

$=$ _____ $=$ _____

Usa papel punteado para completar los espacios en blanco.

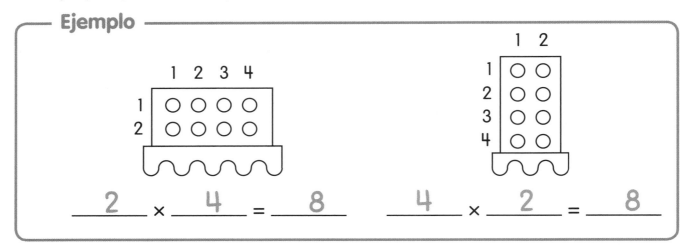

Ejemplo

$$\underline{\quad 2 \quad} \times \underline{\quad 4 \quad} = \underline{\quad 8 \quad} \qquad \underline{\quad 4 \quad} \times \underline{\quad 2 \quad} = \underline{\quad 8 \quad}$$

7.

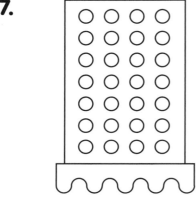

$$\underline{\qquad} \times \underline{\qquad} = \underline{\qquad} \qquad \underline{\qquad} \times \underline{\qquad} = \underline{\qquad}$$

8.

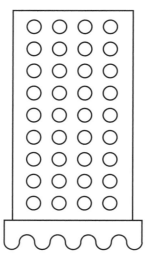

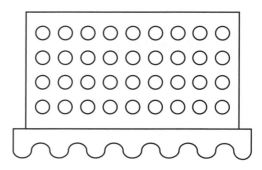

$$\underline{\qquad} \times \underline{\qquad} = \underline{\qquad} \qquad \underline{\qquad} \times \underline{\qquad} = \underline{\qquad}$$

Práctica 5   Usar operaciones de multiplicación relacionadas para dividir

Completa los enunciados de multiplicación.
Luego, completa los enunciados de división.

Ejemplo

$24 \div 4 = \underline{\quad 6 \quad}$

$24 \div 3 = \underline{\quad 8 \quad}$

$6 \times 4 = 24$
$8 \times 3 = 24$

1.

$4 \times \underline{\qquad} = 8$

$\underline{\qquad} \times 4 = 8$

$8 \div 2 = \underline{\qquad}$

$8 \div 4 = \underline{\qquad}$

2.

$4 \times \underline{\qquad} = 12$

$\underline{\qquad} \times 4 = 12$

$12 \div 3 = \underline{\qquad}$

$12 \div 4 = \underline{\qquad}$

3.

$5 \times \underline{\qquad} = 15$

$\underline{\qquad} \times 5 = 15$

$15 \div 3 = \underline{\qquad}$

$15 \div 5 = \underline{\qquad}$

4.

$5 \times \underline{\qquad} = 20$

$\underline{\qquad} \times 5 = 20$

$20 \div 4 = \underline{\qquad}$

$20 \div 5 = \underline{\qquad}$

Usa operaciones de multiplicación relacionadas para resolver.

Ejemplo

El maestro divide 21 libros equitativamente entre 3 estudiantes.
¿Cuántos libros recibió cada estudiante?

_____21_____ ÷ _____3_____ = _____7_____

Cada estudiante recibió _____7_____ libros.

5. El señor Holtz da $24 a 4 empleados.
Los empleados se reparten el dinero equitativamente.
¿Cuánto dinero recibió cada empleado?

$_____ ÷ _____ = $_____

Cada empleado recibió $_____.

6. Rita tiene 27 muñecos de peluche.
Los coloca en 3 estantes.
Pone igual número de muñecos en cada estante.
¿Cuántos muñecos de peluche hay en cada estante?

_____ ÷ _____ = _____

Hay _____ muñecos en cada estante.

Usa operaciones de multiplicación relacionadas para resolver.

7. Phil reparte equitativamente 36 lápices en 4 cajas.
¿Cuántos lápices hay en cada caja?

_____ ÷ _____ = _____

Hay _____ lápices en cada caja.

8. Angie usa 9 palitos planos para formar 3 triángulos de igual tamaño.
¿Cuántos palitos se necesitan para formar un triángulo?

_____ ÷ _____ = _____

Se necesitan _____ palitos para formar un triángulo.

9. Sammy arregla 8 ruedas de sus automóviles.
Arregla 4 ruedas en cada automóvil.
¿Cuántos automóviles hay?

_____ ÷ _____ = _____

Hay _____ automóviles.

10. El señor Yuma tiene 18 barras de pan.
Coloca 3 barras en cada canasta.
¿Cuántas canastas usa?

_____ ÷ _____ = _____

Usa _____ canastas.

11. Un álbum de fotos tiene 20 fotos.
Cada página completa tiene 4 fotos.
¿Cuántas páginas del álbum están completas?

_____ ÷ _____ = _____

_____ páginas están completas.

12. Keisha tiene 9 peces.
Coloca 3 peces en cada pecera.
¿Cuántas peceras necesita?

_____ ÷ _____ = _____

Necesita _____ peceras.

¡Ponte la gorra de pensar!

Práctica avanzada

1. Steve comienza a leer un libro en la página 7.
Lee el libro durante 4 días.
Lee 3 páginas por día.
¿Hasta cuál página habrá leído Steve el 4.° día?

(Pista: Usa un diagrama como ayuda para resolver el problema).

2. El maestro de música elige a los niños que se sentarán en la primera fila en un concierto.
Reparte números de 1 a 100 entre 100 niños.
El maestro elige primero al niño que tiene el número 3.
Luego, cuenta de diez en diez para elegir a los otros niños.
¿Cuáles son los números de los otros niños que eligió?

Los números son _____

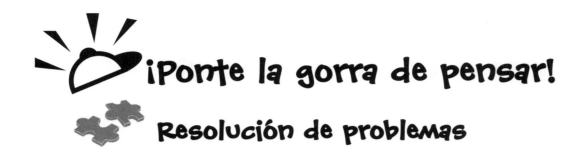

¡Ponte la gorra de pensar!

Resolución de problemas

Resuelve la adivinanza.

Soy un número de dos dígitos.
Soy más que 20 pero menos que 30.
Estoy en las tablas de multiplicación de 3 y 4.
¿Qué número soy?

Repaso/Prueba del capítulo

Vocabulario
Elige la palabra correcta.

1.

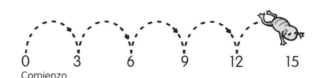

0   3   6   9   12   15
Comienzo

contar salteado
_____
papel punteado
_____
operaciones de
multiplicación
relacionadas

¡ _____ es divertido!

2. [6 × 3 = 18]   [3 × 6 = 18]   son ejemplos

de _____.

Conceptos y destrezas

Cuenta salteado para hallar los números que faltan.

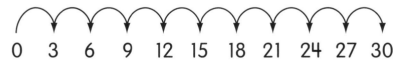

0   3   6   9   12   15   18   21   24   27   30

3. 9 × 3 = _____   **4.** _____ × 3 = 24

0   4   8   12   16   20   24   28   32   36   40

5. _____ × 4 = 16   **6.** _____ × 4 = 36

© Marshall Cavendish International (Singapore) Private Limited.

Escribe los números que faltan.

7. 8 grupos de 3 = _____ × 3

= _____

8. 7 grupos de 4 = _____ × 4

= _____

Usa papel punteado para hallar los números que faltan.

9. 6 × 4 = 5 grupos de 4 + _____ grupo de 4

= _____ + 4

= _____

Resolución de problemas

Cuenta salteado o usa papel punteado para resolver.

10. Caleb ata conjuntos de 3 medallas con una cinta.
Ata 10 conjuntos de medallas.
¿Cuántas medallas tiene Caleb en total?

Usa operaciones de multiplicación relacionadas para resolver.

11. Gail tiene 32 llaveros con forma de estrella.
Coloca 4 llaveros equitativamente en cajas.
¿Cuántas cajas hay?

CAPÍTULO 16 Modelos de barras: Multiplicación y división

Práctica 1   Problemas cotidianos: La multiplicación

Resuelve.
Usa modelos de barras como ayuda.

— **Ejemplo** —

Aarón tiene tres canastas de naranjas.
Hay 5 naranjas en cada canasta.
¿Cuántas naranjas tiene Aarón?

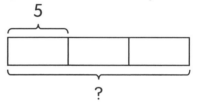

____3____ grupos
de 5 naranjas

____3____ × 5 = ____15____

Aarón tiene ____15____ naranjas.

1. Susan tiene 4 ramos de rosas.
    Hay 8 rosas en cada ramo.
    ¿Cuántas rosas tiene Susan?

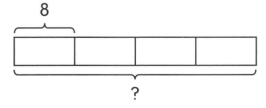

_____ grupos
de 8 rosas

_____ × 8 = _____

Susan tiene _____ rosas.

Resuelve.
Dibuja modelos de barras como ayuda.

2.   Willie lee 10 páginas de su libro por día.
¿Cuántas páginas lee en 3 días?

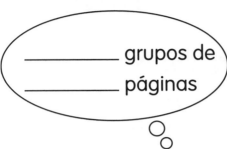

_____ grupos de
_____ páginas

_____ × _____ = _____

Willie lee _____ páginas en 3 días.

3.   Hay 7 cajas.
Hay 5 pelotas de béisbol en cada caja.
¿Cuántas pelotas de béisbol hay en total?

_____ × _____ = _____

_____ grupos de
_____ pelotas de
béisbol

Hay _____ pelotas de béisbol en total.

Resuelve.
Dibuja modelos de barras como ayuda.

4. Hay 3 triciclos en una tienda.
Cada triciclo tiene 3 ruedas.
¿Cuántas ruedas tienen los triciclos en total?

Los triciclos tienen _____ ruedas en total.

5. Carlos compra 5 cajas de marcadores.
Hay 10 marcadores en cada caja.
¿Cuántos marcadores compró Carlos?

Carlos compró _____ marcadores.

Resuelve.
Dibuja modelos de barras como ayuda.

6. Hay 9 cajas de piedras.
    Hay 3 piedras en cada caja.
    ¿Cuántas piedras hay en total?

    Hay _____ piedras en total.

7. Samuel hace 6 figuras con palitos planos.
    Usa 5 palitos planos para cada figura.
    ¿Cuántos palitos planos usó Samuel en total?

    Samuel usó _____ palitos planos en total.

Resuelve.
Dibuja modelos de barras como ayuda.

8.   Farah tiene 8 floreros.
Pone 5 flores en cada florero.
¿Cuántas flores tiene Farah en total?

Farah tiene _____ flores en total.

9.   Benny tiene 7 peceras.
Hay 4 peces de colores en cada pecera.
¿Cuántos peces de colores tiene Benny?

Benny tiene _____ peces de colores.

Diario de matemáticas

Completa los espacios en blanco, los óvalos y los círculos.

Para mostrar 3 grupos de 6 fresas:

Paso 1 Dibujo _____ tiras de longitudes iguales en una hilera para representar 3 grupos.

Paso 2 Escribo el número _____ en el óvalo que está encima de una tira y un _____ en el óvalo que está debajo de las tiras.

Paso 3 Escribo el enunciado numérico.

Paso 4 _____ para hallar el resultado.

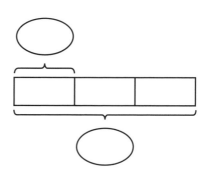

Nombre: _____   Fecha: _____

Práctica 2   Problemas cotidianos: La división

Encierra en un círculo el modelo de barras correcto.

Ejemplo

Divide 15 niños entre 5 grupos.
¿Cuántos niños hay en cada grupo?

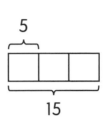 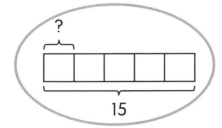 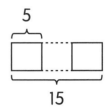

1. Coloca 20 fresas equitativamente en 4 platos.
¿Cuántas fresas hay en cada plato?

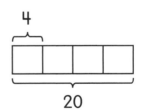 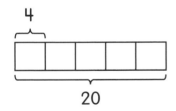 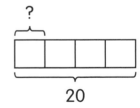

2. Hay 21 botones para coser en unas camisas.
Cada camisa necesita 3 botones.
¿Cuántas camisas hay?

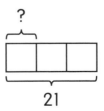 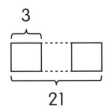 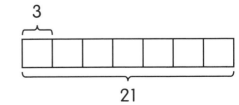

Resuelve.
Usa el modelo de barras como ayuda.

Ejemplo

Un panadero tiene 12 panecillos.
Divide los panecillos equitativamente entre 4 niños.
¿Cuántos panecillos recibió cada niño?

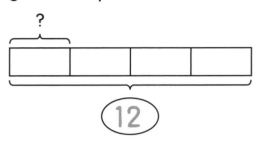

$$\underline{\quad 12 \quad} \div \underline{\quad 4 \quad} = \underline{\quad 3 \quad}$$

Cada niño recibió __3__ panecillos.

---

3. Zach tiene 36 plantas y 4 macetas.
Pone el mismo número de plantas en cada maceta.
¿Cuántas plantas hay en cada maceta?

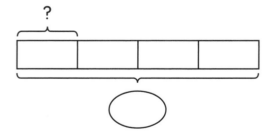

$$\underline{\qquad} \div \underline{\qquad} = \underline{\qquad}$$

Hay _____ plantas en cada maceta.

Resuelve.
Usa el modelo de barras como ayuda.

Ejemplo

Ben tiene 35 tiras de cuero.
Usa 5 tiras en cada collar que hace.
¿Cuántos collares hizo?

? collares

35 tiras de cuero

$$\underline{35} \div \underline{5} = \underline{7}$$

Ben hizo ____7____ collares.

4. Lily cose 24 vestidos para sus muñecas.
Hay 3 vestidos para cada muñeca.
¿Cuántas muñecas tiene Lily?

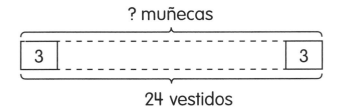

? muñecas

24 vestidos

$$\underline{} \div \underline{} = \underline{}$$

Lily tiene _____ muñecas.

Resuelve.
Dibuja modelos de barras como ayuda.

5. Gina tiene 40 estampillas.
    Las divide equitativamente y las pega en 4 páginas de su álbum.
    ¿Cuántas estampillas hay en cada página?

    Hay _____ estampillas en cada página.

6. Ryan ha leído 28 páginas de un libro.
    Lee 4 páginas por día.
    ¿Durante cuántos días ha estado leyendo el libro?

    Ryan ha estado leyendo el libro durante _____ días.

Práctica 3   Problemas cotidianos:
Las medidas y el dinero

Indica si hay que multiplicar o dividir.
Luego, resuelve.
Usa modelos de barras como ayuda.

Ejemplo

Jenny camina por un sendero de 8 metros.
Camina por el sendero 3 veces por día.
¿Qué distancia caminó cada día?

8 m

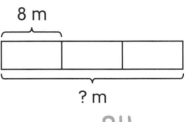

? m

8 × 3 = _____24_____

Jenny caminó _____24_____ metros cada día.

Multiplica para
hallar el resultado.

---

1. Raúl corta 6 tiras de papel.
Cada tira mide 5 centímetros de longitud.
Las une con cinta adhesiva para hacer una tira larga.
¿Cuánto mide la tira que hace Raúl?

5 cm

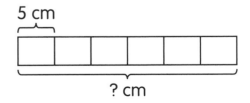

? cm

5 × 6 = _____

La tira mide _____ centímetros de longitud.

Indica si hay que multiplicar o dividir.
Luego, resuelve.
Usa modelos de barras como ayuda.

2. Helen tiene una cinta de 21 pulgadas de longitud.
La corta en 3 pedazos iguales.
¿Cuánto mide cada pedazo?

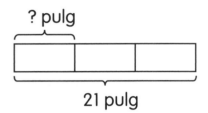

$21 \div 3 =$ _____

Cada pedazo mide _____ pulgadas de longitud.

3. Jessica tiene una cuerda de 30 pies de longitud.
La corta en pedazos iguales.
Cada pedazo mide 5 pies de longitud.
¿En cuántos pedazos cortó Jessica la cuerda?

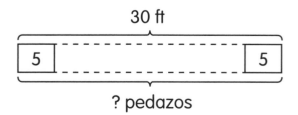

Jessica cortó la cuerda en _____ pedazos.

Indica si hay que multiplicar o dividir.
Luego, resuelve.
Dibuja modelos de barras como ayuda.

4.   Una tira de papel mide 40 centímetros de longitud.
Se corta en 4 pedazos iguales.
¿Cuánto mide cada pedazo?

Cada pedazo mide _____ centímetros de longitud.

5.   Sara hace cortinas.
Necesita 5 metros de tela para cada cortina.
Sara tiene 45 metros de tela.
¿Cuántas cortinas puede hacer?

Sara puede hacer _____ cortinas.

Indica si hay que multiplicar o dividir.
Luego, resuelve.
Usa modelos de barras como ayuda.

6. La masa de 5 bolsas de papas es 30 kilogramos.
   Cada bolsa tiene la misma masa.
   ¿Cuál es la masa de cada bolsa?

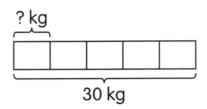

La masa de cada bolsa es _____ kilogramos.

7. Hay 6 ladrillos.
   Cada ladrillo tiene una masa de 3 kilogramos.
   ¿Cuál es la masa total de los 6 ladrillos?

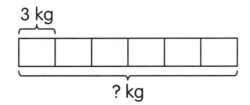

La masa total de los 6 ladrillos es _____ kilogramos.

Nombre: _____ Fecha: _____

Indica si hay que multiplicar o dividir.
Luego, resuelve.
Dibuja modelos de barras como ayuda.

8. Un sacapuntas tiene una masa de 10 gramos.
¿Cuál es la masa total de 7 sacapuntas?

La masa total de 7 sacapuntas es _____ gramos.

9. La masa total de 3 bolsas de harina es 6 kilogramos.
Cada bolsa tiene la misma masa.
¿Cuál es la masa de cada bolsa de harina?

La masa de cada bolsa de harina es _____ kilogramos.

Indica si hay que multiplicar o dividir.
Luego, resuelve.
Dibuja modelos de barras como ayuda.

10. 32 kilogramos de arroz se dividen equitativamente y se colocan en bolsas.
Cada bolsa tiene una masa de 8 kilogramos.
¿Cuántas bolsas de arroz hay?

Hay _____ bolsas de arroz.

11. La familia de la señora Evan bebe 5 litros de leche por semana.
¿Cuántos litros de leche bebe su familia en 7 semanas?

Su familia bebe _____ litros de leche en 7 semanas.

Indica si hay que multiplicar o dividir.
Luego, resuelve.
Dibuja modelos de barras como ayuda.

12. Alberto vuelca 18 litros de agua equitativamente en 3 tanques.
¿Cuánta agua hay en cada tanque?

Hay _____ litros de agua en cada tanque.

13. Barry saca 16 litros de agua de un pozo.
Vuelca el agua en cubos.
Cada cubo contiene 4 litros de agua.
¿Cuántos cubos hay en total?

Hay _____ cubos en total.

Indica si hay que multiplicar o dividir.
Luego, resuelve.
Dibuja modelos de barras como ayuda.

14. Mariam les da $40 a sus nietos.
Cada uno de ellos recibe $5.
¿Cuántos nietos tiene Mariam?

Tiene _____ nietos.

15. La señora Tani compra 4 botellas de salsa.
Cada botella cuesta $4.
¿Cuánto pagó la señora Tani?

La señora Tani pagó $_____.

16. Linda tiene $50.
Gasta todo ese dinero en unos bolsos.
Cada bolso cuesta $10.
¿Cuántos bolsos hay en total?

Hay _____ bolsos en total.

¡Ponte la gorra de pensar!

  ## Práctica avanzada

Macy tiene algunas cuerdas; cada una mide 2 pies de longitud.
Nellie tiene algunas cuerdas; cada una mide 3 pies de longitud.
Oscar tiene algunas cuerdas; cada una mide 5 pies de longitud.
¿Cuál es la longitud de cada hilera de cuerdas cuando tienen
la misma longitud?

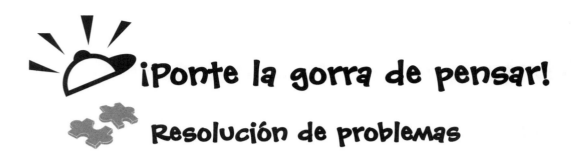

¡Ponte la gorra de pensar!

Resolución de problemas

Sheena hornea 100 pastelitos.

Los reparte equitativamente con otras 4 niñas.

¿Cuántos pastelitos recibió cada una?

¿Cuántos pastelitos más se necesitan para que cada una reciba dos pastelitos más?

Nombre: _____   Fecha: _____

Repaso/Prueba del capítulo

Conceptos y destrezas

Empareja cada modelo de barras con un problema.
Luego, resuelve el problema.

1.

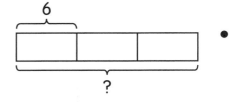

•

•

Ken tiene 18 fresas. Las divide equitativamente en 3 canastas. ¿Cuántas fresas hay en cada canasta?

_____ fresas en cada canasta

2.

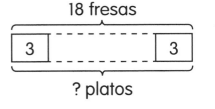

•

•

Ken tiene 18 fresas.
Las coloca de a 3 por plato.
¿Cuántos platos necesita?

_____ platos

3.

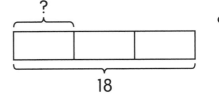

•

•

Ken tiene 3 platos. Coloca 6 fresas en cada plato. ¿Cuántas fresas tiene en total?

_____ fresas en total

Resolución de problemas

Escribe si hay que multiplicar o dividir.
Luego, resuelve.
Dibuja modelos de barras como ayuda.

4.   Jason tiene 5 albaricoques en cada bandeja.
Tiene un total de 50 albaricoques.
¿Cuántas bandejas hay?

Hay _____ bandejas.

5.   Claire pinta 90 máscaras.
Divide las máscaras equitativamente y las coloca en canastas.
Coloca 10 máscaras en cada canasta.
¿Cuántas canastas hay en total?

Hay _____ canastas en total.

Escribe si hay que multiplicar o dividir.
Luego, resuelve.
Dibuja modelos de barras como ayuda.

6. Sonny ayuda a su madre a empacar libros viejos en 6 cajas.
    Cada caja tiene una masa de 4 kilogramos.
    ¿Cuál es la masa total de 6 cajas de libros?

    La masa total de 6 cajas de libros es _____ kilogramos.

7. Sarah hace collares para sus amigas.
    Necesita 12 pies de cuerda para los collares.
    Para cada collar, se necesita una cuerda de 2 pies de largo.
    ¿Cuántos collares hizo Sarah?

    Sarah hizo _____ collares.

Indica si hay que multiplicar o dividir.
Luego, resuelve.
Dibuja modelos de barras como ayuda.

8.   Los gatos de Billy beben 4 litros de leche por semana.
¿Cuánta leche beben los gatos en 4 semanas?

Los gatos beben _____ litros de leche.

9.   El señor Andrés tiene 4 nietos.
Le da $5 a cada uno de ellos.
¿Cuánto les da a sus nietos en total?

Les da $ _____ a sus nietos.

CAPÍTULO 17 Gráficas con dibujos

Práctica 1 Leer gráficas con dibujos con escalas

Completa los espacios en blanco. Usa la gráfica con dibujos como ayuda.

En la gráfica con dibujos se muestran los alimentos que comió un equipo después de un partido de sóftbol.

Alimentos que comieron después del partido

Perros calientes	🍽️ 🍽️ 🍽️
Ensalada	🍽️ 🍽️ 🍽️ 🍽️
Puré de papas	🍽️ 🍽️
Zanahorias	🍽️ 🍽️ 🍽️
Manzanas	🍽️ 🍽️

Clave: Cada 🍽️ representa 2 porciones de alimento.

Ejemplo

Comieron ____6____ porciones de perros calientes.

1. Comieron igual número de _____ que de perros calientes.

2. Comieron _____ porciones más de ensalada que de manzanas.

3. Comieron _____ porciones de ensalada y de manzanas en total.

Jane y sus compañeros de clase eligieron su personaje favorito de cuentos de hadas. En esta gráfica con dibujos se muestran sus elecciones.

Personajes favoritos de cuentos de hadas

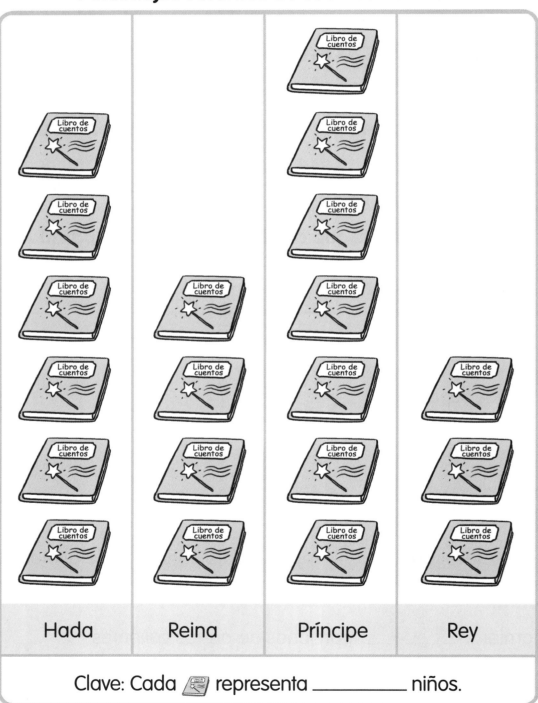

| Hada | Reina | Príncipe | Rey |

Clave: Cada 📖 representa _____ niños.

Completa los espacios en blanco.
Usa la gráfica con dibujos de la página 180 como ayuda.

Ejemplo

¿Cuántos personajes se muestran?

_____4_____

4. ¿Cuál es el personaje favorito?

_____

5. ¿Cuál es el personaje menos elegido?

_____

6. A 8 niños les gusta la reina.

¿Qué representa cada ?

_____

7. ¿Cuántos niños eligieron al príncipe?

_____ niños

8. ¿Cuántos niños eligieron al hada más que a la reina como su personaje favorito?

_____ niños más

9. El número total de niños que eligieron _____

o _____ como su personaje favorito es igual al número de niños que eligieron al príncipe.

Completa los espacios en blanco.
Usa la gráfica con dibujos como ayuda.

La casa de Randy está cerca de una escuela, de una parada de autobús, de una tienda y de una oficina de correos.
Randy hace una gráfica con dibujos para representar la distancia entre su casa y estos lugares.

Número de pasos desde la casa

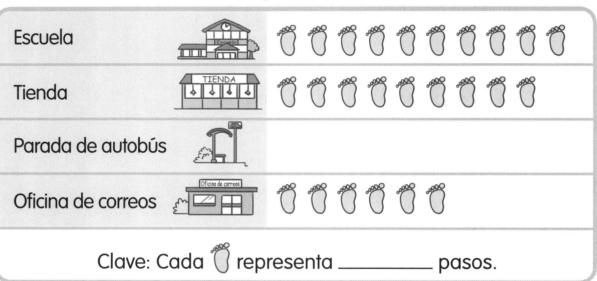

Clave: Cada 🦶 representa _____ pasos.

Ejemplo

La escuela está a 100 pasos de la casa de Randy.

Cada 🦶 representa _____10_____ pasos.

10. La tienda está a _____ pasos de la casa de Randy.

11. La casa de Randy está a 50 pasos de la parada de autobús.

Randy dibujará _____ 🦶 en la gráfica.

12. La oficina de correos está a 80 pasos de la casa de Randy.

Randy dibujará _____ 🦶 más en la gráfica.

Nombre: _____   Fecha: _____

Práctica 2   Hacer gráficas con dibujos

1.   Cuenta los envases de jugo de fruta que hay en los estantes.
     Completa la tabla de conteo.

Jugo de fruta	Conteo	Número de envases de jugo de fruta
Manzana	⫣⫣⫣ ⫣⫣⫣ ⫣⫣⫣ ⫣⫣⫣	
Naranja		
Pera		
Uva		

2. **Escribe los números que faltan.**

Jugo de fruta	Manzana	Naranja	Pera	Uva
Número de envases de jugo de fruta	20			

3. **Luego, completa la gráfica.**

Número de envases de jugo de fruta

Clave: Cada ☐ representa 2 envases de jugo de fruta.

Completa los espacios en blanco.

4. Hay _____ envases de jugo de manzana.

5. Hay _____ envases de jugo de fruta en total.

6. **Observa la ilustración.**
Cuenta los animales de la ilustración.
Luego, completa la tabla de conteo.

Animales	Conteo	Número de animales
🐱		
🐦		
🐰		
🐹		

7. Usa la ilustración y tu respuesta de la página 185. Colorea los ⬭ de la gráfica para representar el número de animales.

Animales de la ilustración

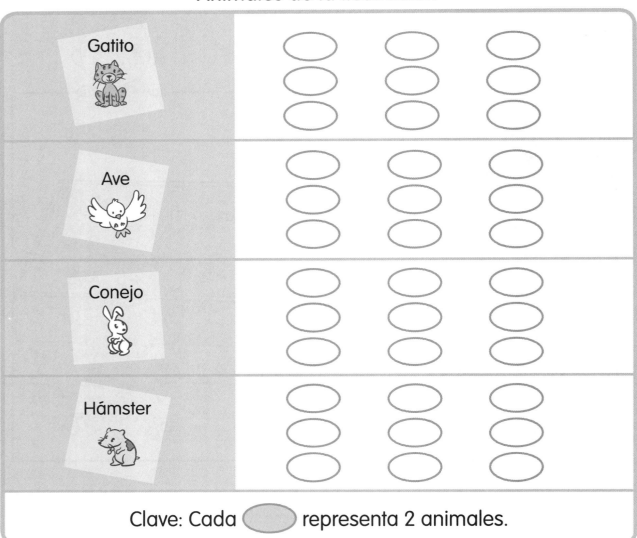

Clave: Cada ⬭ representa 2 animales.

Nombre: _____   Fecha: _____

8. **Estos son los cinco tipos de adhesivos que tiene Amy.
Cuenta el número de adhesivos y completa la tabla de conteo.**

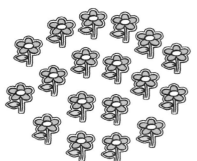

Flores

Conchas marinas

Cachorros

Corazones

Estrellas

Adhesivos	Conteo	Número de adhesivos
Flor 🌼		
Cachorro 🐶		
Corazón 💗		
Estrella ⭐		
Concha marina 🐚		

Ahora, completa los espacios en blanco.

9. Los adhesivos de Amy muestran _____ flores,

_____ conchas marinas, _____ cachorros,

_____ corazones y _____ estrellas.

10. Luego, completa la gráfica con dibujos.
Ponle un título.

Título: _____

Concha marina 🐚	
Cachorro 🐕	
Estrella ⭐	⬭ ⬭ ⬭ ⬭ ⬭ ⬭ ⬭ ⬭ ⬭ ⬭
Flor 🌼	
Corazón 💛	

Clave: Cada ⬭ representa 3 adhesivos.

Observa las ilustraciones.
Luego, completa los espacios en blanco.

Peter, Roy, Shantel y Amy son amigos.
Inventaron un cuento que ocurre en el espacio exterior.
Cada uno hizo dibujos de su elemento favorito del cuento.

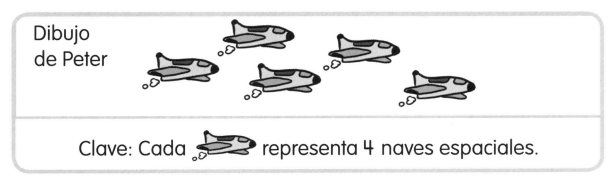

11.   Peter hizo _____ dibujos para el cuento.

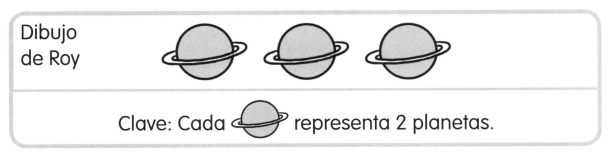

12.   Roy hizo _____ dibujos para el cuento.

13.   Shantel hizo _____ dibujos para el cuento.

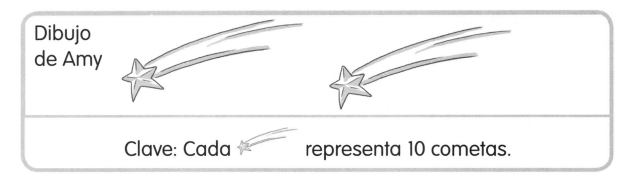

Dibujo
de Amy

Clave: Cada ![star] representa 10 cometas.

14. Amy hizo _____ dibujos para el cuento.

15. Completa.

Tipos de elementos	✈️	🪐	⭐	☄️
Número de dibujos				

**Usa los datos de la tabla para completar la gráfica con dibujos.
Elige un símbolo que muestre los elementos del cuento.
Agrega una clave bajo la gráfica. Luego, ponle un título a la gráfica.**

Título: _____

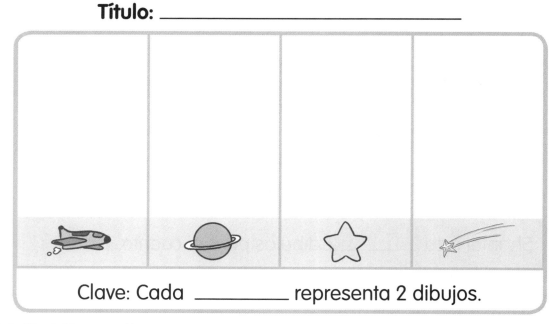

Clave: Cada _____ representa 2 dibujos.

Práctica 3   Problemas cotidianos:
Gráficas con dibujos

Usa la gráfica con dibujos para responder a las preguntas.

Dora y sus amigos comparan sus colecciones de adhesivos.
Ella hace una gráfica con dibujos para representar el número de adhesivos
que tienen. Sin embargo, derrama su bebida sobre parte de la gráfica.

Número de adhesivos

Clave: Cada ○ representa 4 adhesivos.

1. ¿Cuántos adhesivos tiene Susan? _____

2. ¿Cuántos adhesivos más que Tracy tiene Kate? _____

3. Dora tiene 8 adhesivos.

   ¿Cuántos ○ debería haber en la gráfica? _____

4. Vera tiene 24 adhesivos.
   ¿Cuántos ○ más debería haber en la gráfica? _____

5. ¿Cuántos adhesivos tienen Susan y Tracy en total? _____

En la gráfica se muestra el número de niños que juegan en cada juego de una feria.

Número de niños que participan en los juegos

Clave: Cada 🧍 representa 2 niños.

Usa la gráfica con dibujos para responder a las preguntas.

6. Hay 6 niños en Ciudad Eléctrica.
¿Cuántas niñas hay en Ciudad Eléctrica? _____

7. 6 de los niños que juegan en El Lejano Oeste son niñas.

¿Cuántos son niños? _____

8. 2 niñas están en Laberinto.
4 niños están en Lanzamiento de pelota.
¿Cuántas niñas están en Laberinto y en Lanzamiento de pelota en total? _____

9. Abigail visita una tienda de mascotas y ve diferentes tipos de peces.

Usa los datos para completar la gráfica.

Usa un 🐟 para representar 4 peces.

a. Hay 16 peces payaso.

b. Hay 12 barbos más que peces payaso.

c. Hay 4 peces de colores más que barbos.

d. Hay 8 peces guppy menos que peces de colores.

e. Hay igual número de peces disco que de peces payaso y peces guppy.

Peces de la tienda de mascotas

Pez de colores	Pez guppy	Pez payaso	Pez disco	Barbo

Clave: Cada _____ representa 4 peces.

10. **Gita hizo pastelitos de plátano para su familia. Usa los datos para completar la gráfica.**

Usa 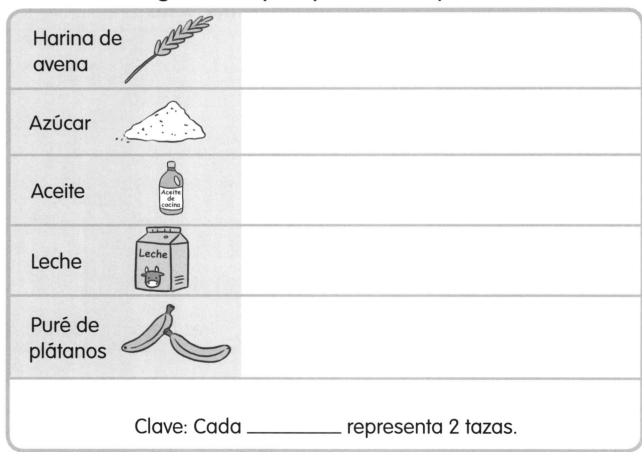 para representar 2 tazas.

a. Gita usó 2 tazas de azúcar.
   Usó igual número de tazas de aceite.

b. Usó 4 tazas de leche.
   Usó 2 tazas más de harina de avena que de leche.

c. Usó 6 tazas de puré de plátanos.

Ingredientes para pastelitos de plátano

Harina de avena	
Azúcar	
Aceite	
Leche	
Puré de plátanos	

Clave: Cada _____ representa 2 tazas.

¡Ponte la gorra de pensar!
Práctica avanzada

Tricia leyó un libro de cuentos.
Anotó el número de páginas que leyó cada día durante 3 días.

Dibujó un ☐ por cada 2 páginas que leyó.

		☐	
		☐	
	☐	☐	
☐	☐	☐	
1.er día	2.º día	3.er día	4.º día

Clave: Cada ☐ representa 2 páginas.

El número de páginas que Tricia leyó sigue un patrón.
Si este patrón continúa, ¿cuántas páginas leerá Tricia el 4.º día?

Tricia leerá _____ páginas el 4.º día.

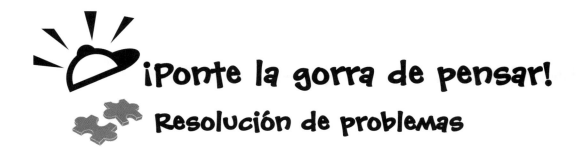

¡Ponte la gorra de pensar!
Resolución de problemas

En la gráfica se muestra el número de puntos
que obtuvieron 5 niños en una prueba de ciencias.
El puntaje total de la prueba es 40.
Completa la gráfica con la información dada.

Ariel obtuvo todos los puntos que pudo.
Tyrone obtuvo 8 puntos menos que Ariel.
Nicole y Vera obtuvieron el mismo número de puntos.

Puntos obtenidos en una prueba de ciencias

Ariel	
Edwin	✓ ✓ ✓ ✓ ✓ ✓ ✓
Nicole	
Vera	✓ ✓ ✓ ✓ ✓ ✓ ✓ ✓ ✓
Tyrone	
	Cada ✓ representa 4 puntos.

Repaso/Prueba del capítulo

Vocabulario

Completa los espacios en blanco.

> clave
> _____
> gráfica con dibujos
> _____
> tabla de conteo

1. La _____ muestra qué representa cada dibujo o símbolo.

2. En una _____, se usan dibujos o símbolos para representar datos.

3. Registras el número de elementos en una _____.

Conceptos y destrezas

4. Tammy fue a un aviario.
Ayúdala a hacer una tabla de conteo en la página 198 de las aves que vio.

Tabla de conteo

Aves	Conteo	Número de aves

5. Luego, completa la gráfica con dibujos con los datos del ejercicio 4. Ponle un título.

Título: _____

Arrendajo	Golondrina	Petirrojo	Flamenco	Pavo real

Clave: Cada ◯ representa 3 aves.

En la gráfica se muestra cuánto dinero ha ahorrado cada niño en 5 días.

Dinero ahorrado en 5 días

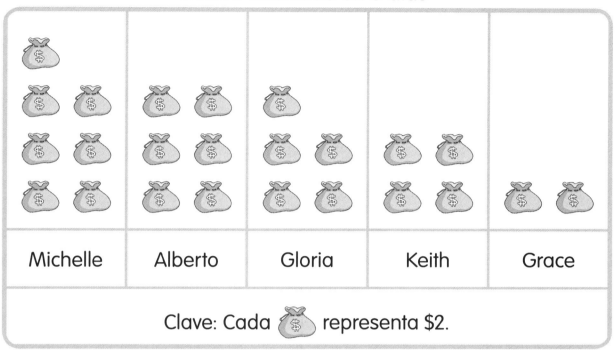

Clave: Cada 🪙 representa $2.

Usa la gráfica para hallar los números que faltan.

6. ¿Cuánto dinero ha ahorrado Keith?

Hay _____ 🪙 para Keith.

_____ × $_____ = $_____

Keith ha ahorrado $_____.

7. ¿Cuánto han ahorrado Michelle y Alberto en total? $_____

Hay 7 🪙 para Michelle.

_____ × $_____ = $_____

Hay 6 🪙 para Alberto.

_____ × $_____ = $_____

$_____ + $_____ = $_____

Michelle y Alberto han ahorrado $_____ en total.

8. ¿Cuánto más que Gloria ha ahorrado Michelle?

Hay 7 🪙 para Michelle.

_____ × $_____ = $_____

Hay 5 🪙 para Gloria.

_____ × $_____ = $_____

$_____ − $_____ = $_____

Michelle ha ahorrado $_____ más que Gloria.

9. Grace tiene 2 🪙.

¿Cuánto menos que Gloria ha ahorrado Grace?

_____ × $_____ = $_____

$_____ − $_____ = $_____

Grace ha ahorrado $_____ menos que Gloria.

Nombre: _____ Fecha: _____

Repaso acumulativo
de los Capítulos 15 a 17

Conceptos y destrezas

Cuenta salteado.

1. 3, 6, 9, _____, _____, _____, _____, _____,

_____, _____

2. 4, 8, 12, _____, _____, _____, _____, _____,

_____, _____

Completa los espacios en blanco.

3. 4 grupos de 3 = _____ × _____ = _____

4. 8 grupos de 3 = _____ × _____ = _____

5. 3 grupos de 4 = _____ × _____ = _____

6. 9 grupos de 4 = _____ × _____ = _____

Usa papel punteado para hallar los números que faltan.

7.

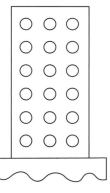   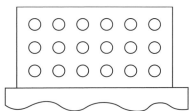

_____ × 3 = _____   _____ × _____ = _____

8.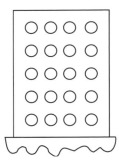

_____ × _____ = _____   _____ × _____ = _____

Completa los enunciados de multiplicación. Usa papel punteado como ayuda.

9. $9 \times 3 =$ _____

  $3 \times 9 =$ _____

10. $7 \times 3 =$ _____

  $3 \times 7 =$ _____

11. $10 \times 4 =$ _____

  $4 \times 10 =$ _____

12. $6 \times 4 =$ _____

  $4 \times 6 =$ _____

Completa los espacios en blanco.

13. $10 \times 4 =$ _____

  $7 \times 4 = 10$ grupos de 4 − 3 grupos de 4

  $=$ _____ − 12

  $=$ _____

14. $5 \times 3 =$ _____

  $7 \times 3 = 5$ grupos de 3 + 2 grupos de 3

  $=$ _____ + 6

  $=$ _____

Completa los enunciados de multiplicación y división.

15. _____ × 3 = 15 $15 \div 3 =$ _____

16. _____ × 4 = 20 $20 \div 4 =$ _____

Nombre: _____   Fecha: _____

Completa los espacios en blanco.
Usa la gráfica con dibujos como ayuda.

Un frasco grande contiene distintos tipos de frutos secos.
La gráfica muestra el número de cada tipo de frutos secos que hay en el frasco.

Tipos de frutos secos en el frasco

Almendras	○ ○ ○ ○ ○ ○
Cacahuates	○ ○ ○ ○ ○ ○ ○ ○ ○
Castañas de cajú	○ ○ ○ ○
Nueces	○ ○ ○
Pacanas	○ ○ ○ ○

Clave: Cada ○ representa 2 frutos secos.

17. Hay _____ cacahuates en el frasco.

18. El número de _____ y _____ en el frasco es el mismo.

19. Hay _____ nueces menos que almendras.

20. Hay _____ cacahuates más que castañas de cajú.

21. Hay _____ almendras y pacanas en total.

Observa la ilustración.
Cuenta cuántos vegetales hay en el canasto.
Luego, completa la tabla de conteo.

Vegetal	Conteo
Cebolla	
Col	
Zanahoria	
Papa	
Tomate	

Completa.
Usa la tabla de conteo como ayuda.

22. ¿Cuántas zanahorias hay? _____

23. ¿Cuántos tomates hay? _____

24. ¿Cuántas coles hay? _____

25. Usa la ilustración y la tabla de conteo para hacer una gráfica.

_____

Resolución de problemas
Resuelve.
Dibuja modelos de barras como ayuda.

26. Alicia tiene 3 bolsas.
Coloca 10 cuentas en cada bolsa.
¿Cuántas cuentas tiene en total?

Tiene _____ cuentas en total.

Resuelve.

Dibuja modelos de barras como ayuda.

27.   Peter tiene 18 crayolas.
Las divide en 3 grupos iguales.
¿Cuántas crayolas hay en cada grupo?

Hay _____ crayolas en cada grupo.

28.   Yuneng compra 30 adhesivos.
Reparte los adhesivos equitativamente entre sus 5 amigas.
¿Cuántos adhesivos recibió cada una de sus amigas?

Cada amiga recibió _____ adhesivos.

29.   Hay 12 pelotas de fútbol en un campamento de día.
Cada equipo usa 3 pelotas.
¿Cuántos equipos hay en total?

Hay _____ equipos.

30. La masa de 5 bolsas de comida para una colecta de alimentos es 25 kilogramos.
Cada bolsa tiene la misma masa.
¿Cuál es la masa de cada bolsa?

La masa de cada bolsa es _____ kilogramos.

31. La longitud total de un pedazo de encaje es 28 pies.
Se corta en partes iguales de 4 pies de longitud.
¿Cuántas partes hay?

Hay _____ partes.

32. Todos los días, Andrew usa 6 litros de agua para regar sus plantas.
¿Cuántos litros de agua usa en 4 días?

Usa _____ litros de agua.

Usa los ejercicios 33 y 34 para completar la gráfica con dibujos. Luego, usa la gráfica para resolver los ejercicios 35 y 36.

Un grupo de personas participaron de un taller.

Se los dividió en 5 grupos.

La gráfica muestra el número de personas que había en cada grupo.

Grupos en el taller

Grupo 1	☺ ☺ ☺ ☺ ☺ ☺ ☺
Grupo 2	☺ ☺ ☺
Grupo 3	☺ ☺ ☺ ☺ ☺ ☺
Grupo 4	☺ ☺ ☺ ☺ ☺
Grupo 5	

Clave: Cada ☺ representa a _____ personas.

33. En el grupo 2 había 15 personas.

¿Qué representa cada ☺? _____

34. Dibuja ☺ para representar a 20 personas en el grupo 5.

35. 7 personas del grupo 3 eran mujeres.

¿Cuántas personas eran hombres? _____

36. Había 50 hombres entre los grupos 1 y 4. ¿Cuántas mujeres había en los dos grupos?

_____

Líneas y superficies

Práctica 1 Líneas rectas y curvas

Traza las figuras correctas.

1. solo líneas rectas

2. solo curvas

3. líneas rectas y curvas

Observa estas letras.

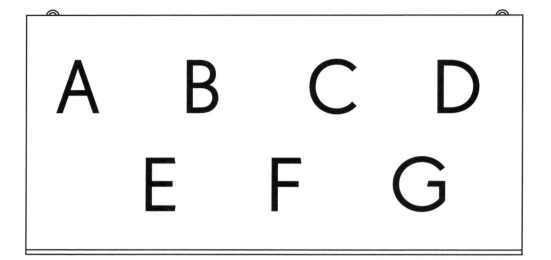

¿Cuáles de estas letras tienen

4. solo líneas rectas? _____

5. solo curvas? _____

6. líneas rectas y curvas? _____

Dibuja otras tres letras solo con líneas rectas.

7.

H I K

Dibuja otras tres letras con líneas rectas y curvas.

8.

J P

Sam hizo dibujos con líneas rectas y curvas.
Cuenta las líneas rectas y las curvas que usó.

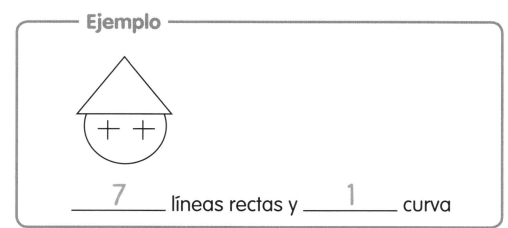

Ejemplo

_____7_____ líneas rectas y _____1_____ curva

9.

_____ líneas rectas y _____ curvas

10.

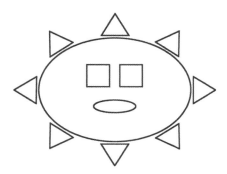

_____ líneas rectas y _____ curvas

Cuenta el número de líneas rectas que forman cada figura.
Cuenta el número de curvas.
Clasifica las figuras en dos grupos.
Clasifica según el número de líneas rectas y curvas.
Colorea cada grupo de un color diferente.

11.

Haz un dibujo con

12. más de 5 líneas rectas.

13. menos de 8 curvas.

14. más de 10 líneas rectas y curvas.

Diario de matemáticas

Usa solo curvas para dibujar una cara sonriente.

Usa líneas rectas y curvas para dibujar una cara triste.

Práctica 2 Superficies planas y curvas

Observa los objetos.
Luego, completa los espacios en blanco.

Ejemplo

Una naranja tiene ____0____ superficies planas.

____1____ superficie curva.

1.

Una lata tiene _____ superficies planas.

_____ superficie curva.

2.

Un vaso de plástico tiene _____ superficie plana.

_____ superficie curva.

3.

La caja de cereal tiene _____ superficies planas.

_____ superficies curvas.

Observa lo que hay en tu casa.
Busca dos objetos que tengan solo superficies planas.
Nómbralos y dibújalos.

4. _____   5. _____

6. **Encierra en un círculo los cuerpos geométricos que puedes apilar.**

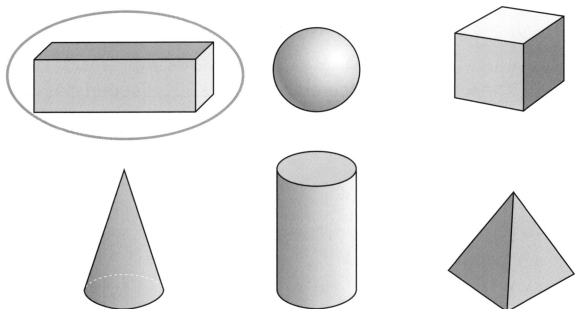

7. **Encierra en un círculo los cuerpos geométricos que puedes hacer rodar.**

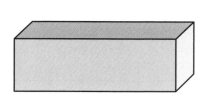  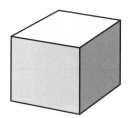

  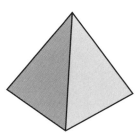

8. **Encierra en un círculo los cuerpos geométricos que puedes deslizar.**

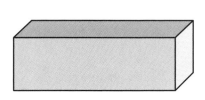  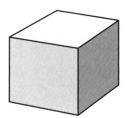

 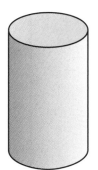 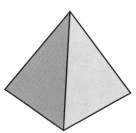

Observa lo que hay en tu casa.
Busca dos objetos que tengan solo superficies curvas.
Nómbralos y dibújalos.

9. _____

10. _____

¿Cuántas superficies planas y curvas tiene cada objeto?
Escribe tus respuestas en la tabla.

caja de pañuelos

huevo

pedazo de papel

pelota de básquetbol

tarjeta de la biblioteca

caja de cereal

florero

Escribe tus respuestas aquí.

11.	0 superficies planas	
12.	1 superficie plana	
13.	1 superficie curva	
14.	2 superficies planas	
15.	6 superficies planas	

Recorta ilustraciones de objetos de periódicos o revistas. Pégalas aquí.

Cuenta las superficies planas y curvas de cada objeto.

Escribe tus respuestas junto a la ilustración.

16.

¡Ponte la gorra de pensar!

Práctica avanzada

Las figuras que aparecen en la parte de abajo de esta página se pueden combinar para formar un cuadrado.
Colorea los pedazos de amarillo.
Recórtalos y pégalos a continuación para formar el cuadrado.

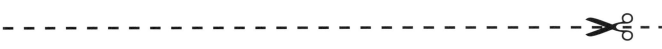

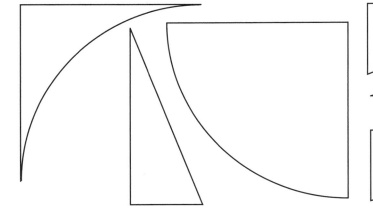

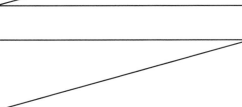

Repaso/Prueba del capítulo

Vocabulario

Completa el espacio en blanco con la palabra correcta.

> curva   apilar   rodar   plana

1. Una pelota tiene una superficie _____.

Puedes hacerla _____ sobre el suelo.

2. Una ilustración tiene una superficie _____.

Puedes _____ ilustraciones una sobre otra.

Conceptos y destrezas

Encierra en un círculo la respuesta correcta.

3.

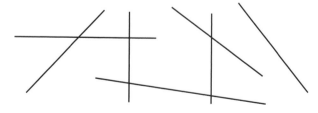

Estas son (líneas rectas, curvas).

4.

Estas son (líneas rectas, curvas).

Dibuja.

5. una figura que tenga cinco líneas rectas y tres curvas	**6.** una figura que tenga solo líneas rectas
7. un objeto que tenga solo superficies curvas	**8.** un objeto que tenga dos superficies planas y una superficie curva

Resolución de problemas

Cada patrón está formado por curvas y líneas rectas.
Halla el patrón.
Luego, completa el patrón.

9.

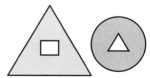 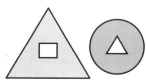

CAPÍTULO
19
Figuras, cuerpos y patrones

Práctica 1   Figuras planas

Observa las figuras.

1. Colorea los círculos de verde, los triángulos de amarillo, los rectángulos de morado, los trapecios de azul y los hexágonos de rojo.

Traza líneas en las figuras para mostrar las figuras más pequeñas.

Ejemplo

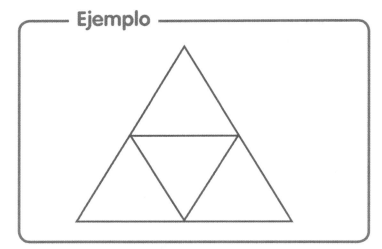

2.

3.

4. **Recorta las figuras.**
Luego, pégalas sobre la figura dada.
Estas son dos reglas simples que debes seguir:
a) Se deben usar todas las figuras para recortar.
b) Los recortes no se pueden traslapar.

Figura plana	Figuras para recortar

PÁGINA EN BLANCO

5. Traza líneas en las figuras para mostrar cómo están formadas por estas figuras: triángulo, cuadrado, rectángulo, trapecio y hexágono.

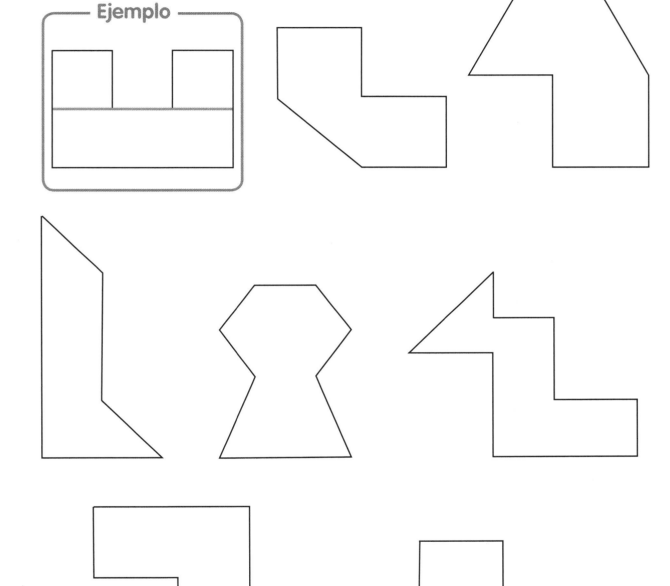

Cada figura está formada por otras dos figuras.
Nombra las figuras.

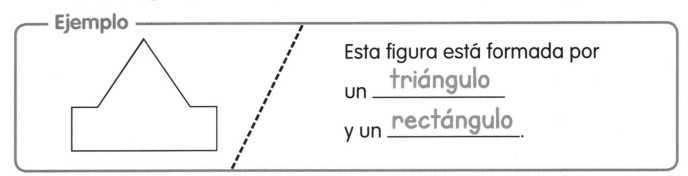

Ejemplo

Esta figura está formada por

un _triángulo_

y un _rectángulo_ .

6.

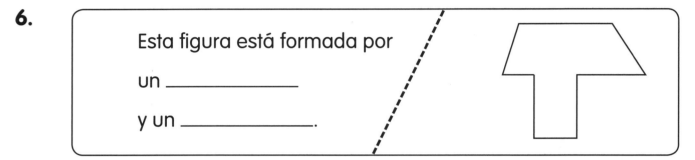

Esta figura está formada por

un _____

y un _____ .

7.

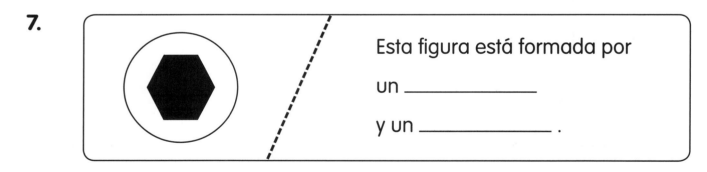

Esta figura está formada por

un _____

y un _____ .

8.

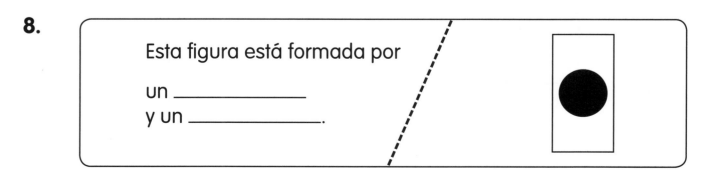

Esta figura está formada por

un _____
y un _____ .

En cada figura falta una parte.
Colorea la figura que la completa.

Ejemplo

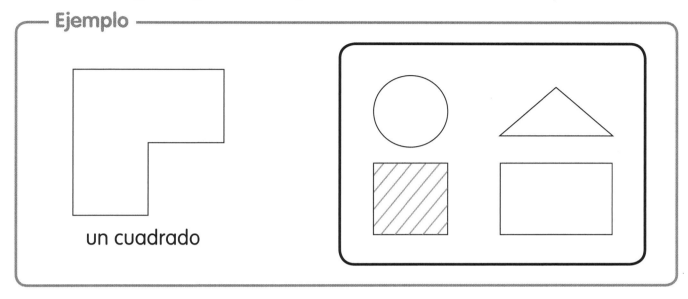

un cuadrado

9.

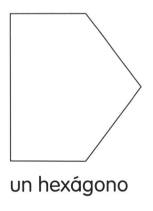

un hexágono

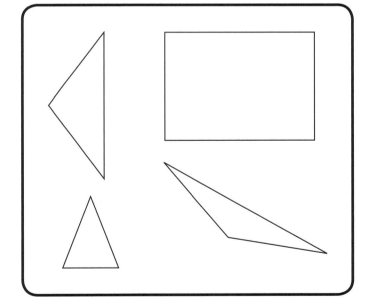

En cada figura falta una parte.
Colorea la figura que la completa.

10.

un rectángulo

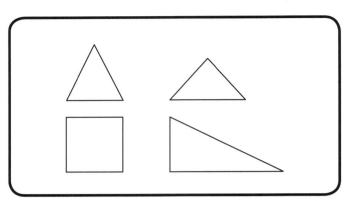

11.

un trapecio

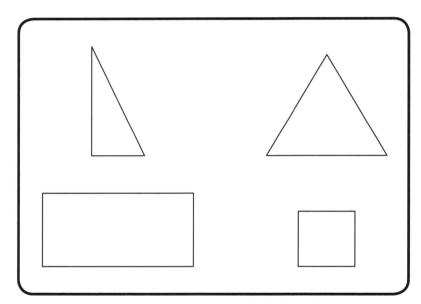

12. Recorta las figuras.
Luego, pégalas sobre la figura dada.

Estas son dos reglas simples que debes seguir:
a) Se deben usar todas las figuras para recortar.
b) Los recortes no se pueden traslapar.

Figura	Figuras para recortar ✂

Figura	Figuras para recortar ✂

PÁGINA EN BLANCO

Nombre: _____   Fecha: _____

Copia las figuras.

Ejemplo

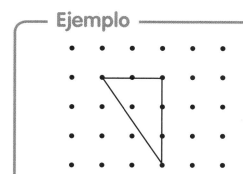

13.

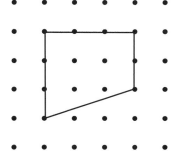

14.

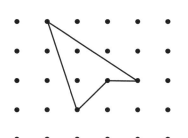

15.

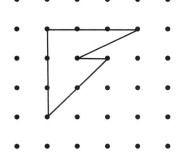

Copia las figuras.

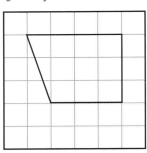 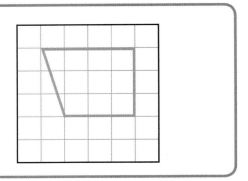

16.

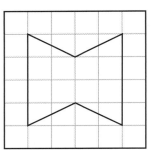 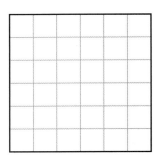

17.

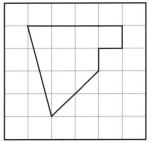 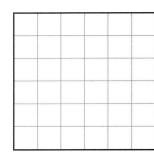

18.

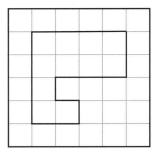 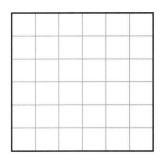

Práctica 2   Cuerpos geométricos

Escribe el número de cuerpos geométricos que se usan en cada modelo.

1.

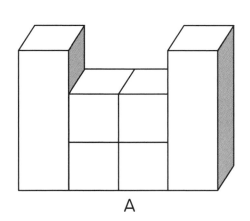

A

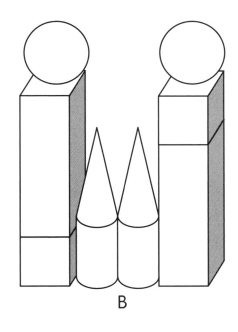

B

Objeto	A	B
Prisma rectangular	2	2
Cubo		
Cono		
Cilindro		
Esfera		

Escribe el número de cuerpos geométricos que se usan en el modelo.

2.

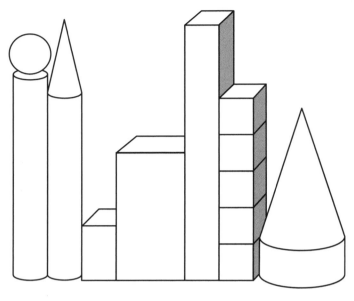

Cuerpo geométrico	Número
Prisma rectangular	3
Cubo	
Cono	
Cilindro	
Esfera	

Nombre: ______________________ Fecha: ______________

Práctica 3 Formar patrones

Observa el patrón.
Dibuja la figura que sigue.

Ejemplo

1.

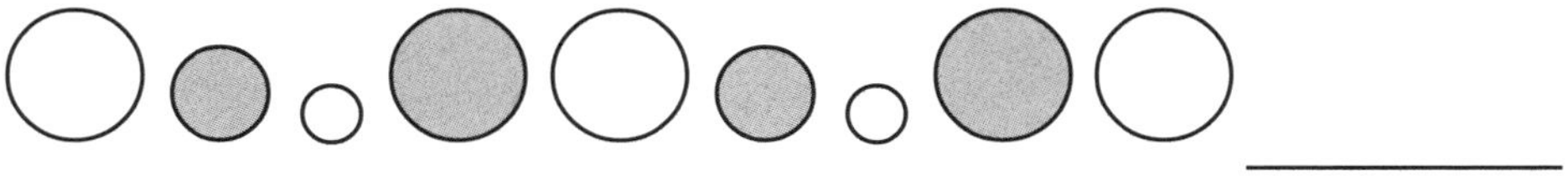

2.

3.

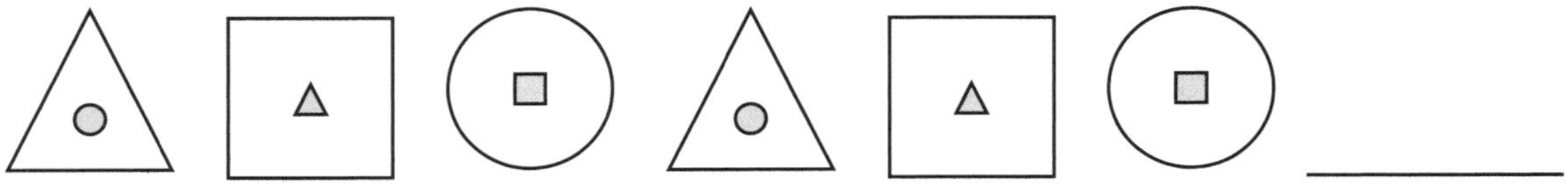

Encierra en un círculo las figuras que completen correctamente el patrón.

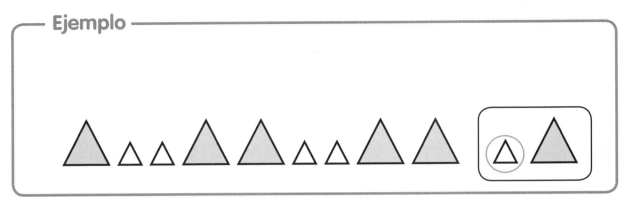

4.

5.

6.

7.

Encierra en un círculo las figuras que completen
correctamente el patrón.

8.

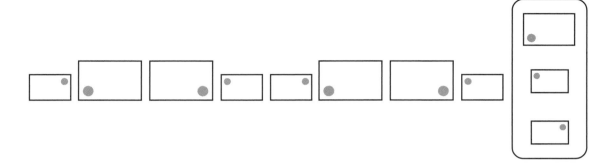

9.

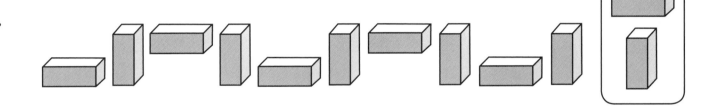

10.

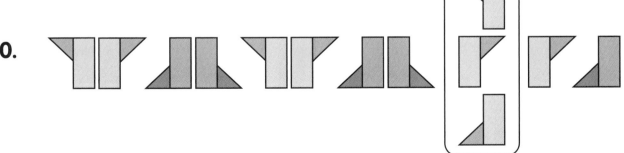

Encierra en un círculo las figuras que completen correctamente el patrón.

11.

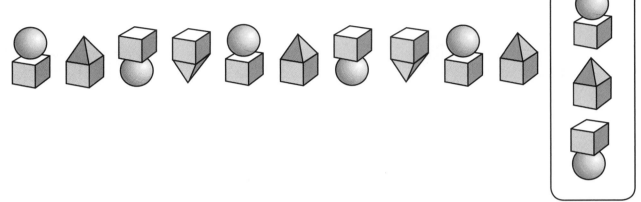

12.

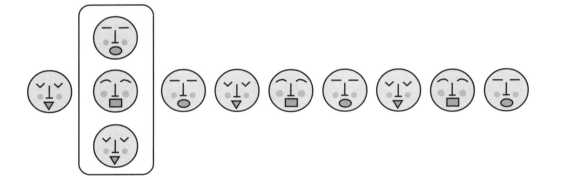

13.

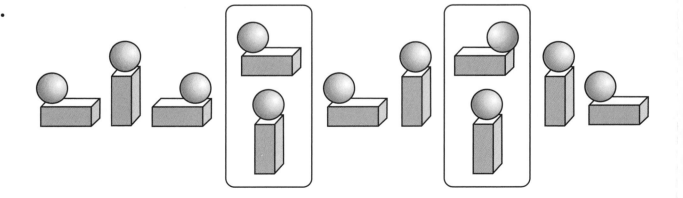

Diario de matemáticas

Este patrón está formado por figuras planas.
Encierra en un círculo el error en el patrón.
Nombra la figura correcta.
Luego, dibuja la unidad de patrón que se repite.

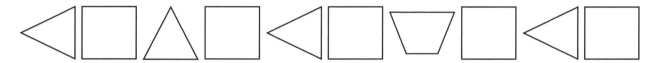

La figura plana correcta es un _____.

Este patrón está formado por cuerpos geométricos.
Encierra en un círculo el error en el patrón.
Escribe cuál es el cuerpo correcto.
Luego, dibuja o describe la unidad que se repite.

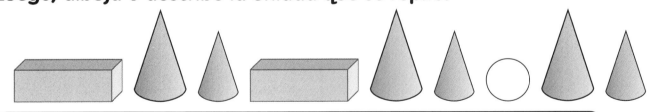

El cuerpo geométrico correcto es un _____.

¡Ponte la gorra de pensar!

Práctica avanzada

Usa figuras planas para formar un patrón

1. con figuras de distintos tipos.

2. con la misma figura de distintos colores.

3. haciendo girar la figura.

Repaso/Prueba del capítulo

Vocabulario
Completa los espacios en blanco. Usa las palabras del recuadro.

> hexágono
> _____
> trapecio
> _____
> patrón
> _____
> girar

1. Puedes formar un _____ que se repite

    usando distintas figuras, distintos colores y tamaños,

    y haciendo _____ las figuras.

2. Un _____ tiene seis lados.

3. Un _____ tiene cuatro lados como el cuadrado y el rectángulo.

Conceptos y destrezas
Empareja la figura o el cuerpo con su nombre.

4.
    _____

5.
    _____

6.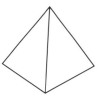
    _____

7.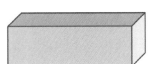
    _____

8.
    _____

9.
    _____

a. cono

b. cilindro

c. hexágono

d. pirámide

e. prisma rectangular

f. trapecio

Usa esta figura para formar otra figura más grande.
Escribe cuántas figuras usaste.
Nombra la figura que formaste.

10.

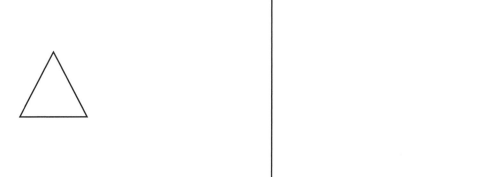

Traza líneas para separar este rectángulo en muchas copias más pequeñas de la misma figura.

11.

Copia la figura en la cuadrícula de puntos.

12.

Escribe el número de figuras planas que forman esta figura.

13.

Figura plana	¿Cuántas hay?
rectángulo	
triángulo	

Escribe el número de cuerpos geométricos que forman este modelo.

14.

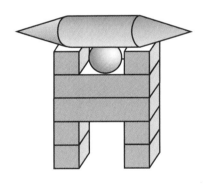

Cuerpo geométrico	¿Cuántos hay?
cubo	
prisma rectangular	
cono	
esfera	
cilindro	

Dibuja la figura que sigue en cada patrón.

15.

16.

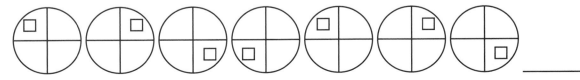

Completa el patrón.
Encierra en un círculo el cuerpo geométrico o modelo correcto.

17.

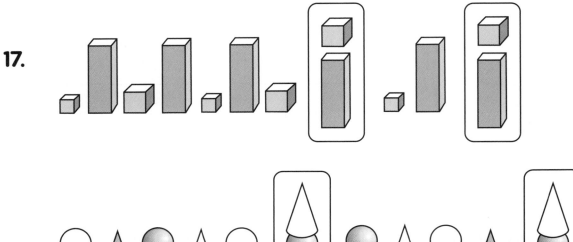

18.

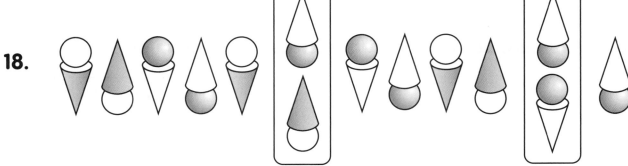

Resolución de problemas

Observa el patrón.
Dibuja la figura que sigue.

19.

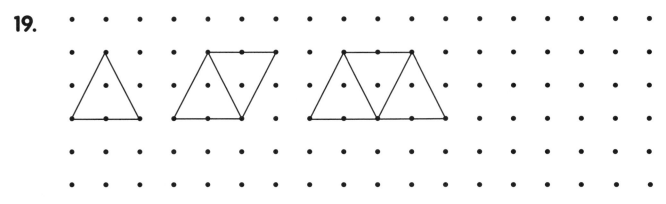

20. Susan quiere formar un hexágono usando el menor número de una misma figura.

   a. ¿Qué figura puede usar?

   b. ¿Cuántas de estas figuras usará?

Nombre: _____ Fecha: _____

Repaso acumulativo

de los Capítulos 18 y 19

Conceptos y destrezas

Observa las letras.
Luego, completa los espacios en blanco.

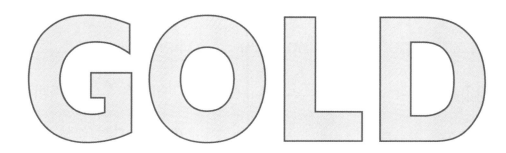

1. La letra G tiene _____ líneas rectas y _____ curvas.

2. La letra _____ solo tiene curvas.

3. Las letras _____ y _____ son las que tienen el mayor número de líneas rectas.

4. El número total de curvas en la primera y en la última letra es _____.

5. El número total de líneas rectas en todas las letras es _____.

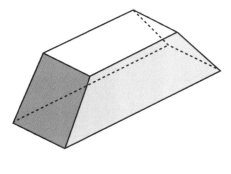

6. Este cuerpo geométrico tiene _____ superficies planas que tienen forma de _____ y de _____.

7. Este cuerpo geométrico tiene _____ superficies planas. Cada superficie tiene forma de _____.

Observa los dibujos.
Cuenta el número de curvas y líneas rectas en cada uno.
Completa la tabla.

8.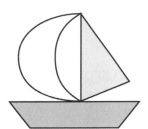

9.

10.

Dibujo	Líneas rectas	Curvas
8		
9		
10		

Traza líneas punteadas dentro de cada figura para mostrar las figuras de las que está formada.

11.

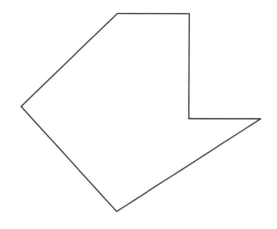

12.

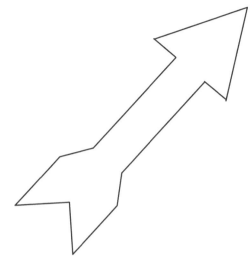

13.

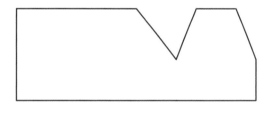

14.

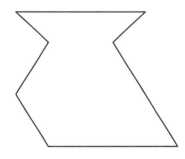

Observa la ilustración.
Cuenta y escribe el número de figuras que puedes ver.

15.

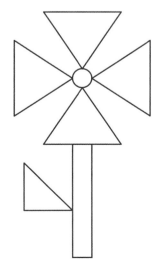

Figura	Número
círculo	
triángulo	
rectángulo	

Copia las figuras en la cuadrícula de puntos.

16.

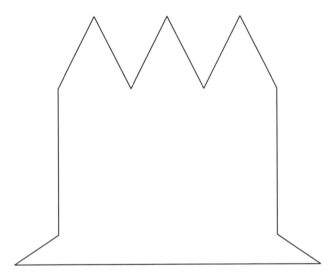

. . . .
. . . .
. . . .
. . . .
. . . .
. . . .
. . . .
. . . .
. . . .
. . . .

Resolución de problemas

Observa el patrón.
¿Qué figura sigue?
Completa el espacio en blanco.

17.

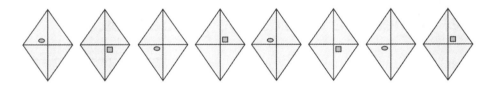 _____

Encierra en un círculo los cuerpos geométricos que siguen.

18.

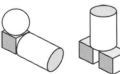   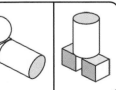

Repaso de fin de año

Preparación para la prueba

Opción múltiple

Sombrea el círculo que está junto a la respuesta correcta.

1.   ¿Cuál de los siguientes enunciados es correcto?

   (A) En 345, el dígito 3 está en el lugar de las unidades.

   (B) En 345, el dígito 5 está en el lugar de las unidades.

   (C) En 345, el dígito 5 está en el lugar de las decenas.

   (D) En 345, el dígito 4 está en el lugar de las centenas.

2.   24 dividido entre 4 es _____.

   (A) 3   (B) 4   (C) 5   (D) 6

3.   La suma de 500 y 43 es _____.

   (A) 345   (B) 354   (C) 435   (D) 543

4.   El granjero Ben tiene 456 gallinas.
   Tiene 336 patos.
   ¿Cuál es la diferencia entre el número de gallinas y de patos?

   (A) 130   (B) 120   (C) 576   (D) 932

5. $45 \div 5 =$ _____.

   (A) 6   (B) 7   (C) 8   (D) 9

6. La cuerda A mide 45 pies de longitud.
La cuerda B mide 71 pies de longitud.
¿Cuánto más larga es la cuerda B que la cuerda A?

(A) 26 ft   (B) 34 ft   (C) 36 ft   (D) 116 ft

7. Mara pesa 42 kilogramos.
Ana pesa 39 kilogramos.
¿Cuál es la masa total de las dos?

(A) 3 kg   (B) 71 kg   (C) 81 kg   (D) 711 kg

8. $137 + 40 =$ _____

(A) 177   (B) 187   (C) 237   (D) 277

9.

¿Cuál es la cantidad de dinero mostrada?

(A) $16.00   (B) $20.50   (C) $16.24   (D) $19.34

10. Angelina terminó de cenar a las 6:00 p.m.
Salió a caminar y regresó 30 minutos después.
¿Cuál reloj muestra la hora en que volvió Angelina a su
casa?

Ⓐ

Ⓑ

Ⓒ

Ⓓ

11. ¿Cuál de estos objetos tiene solamente superficies
planas?

Ⓐ un plátano

Ⓑ una botella

Ⓒ un globo

Ⓓ una caja cuadrada

12. Yumi compra un violín a $287.
Le paga a la cajera con $300.
¿Cuánto cambio recibió?

Ⓐ $20   Ⓑ $17   Ⓒ $23   Ⓓ $13

13. Zach prepara 24 litros de jugo de manzana para la fiesta de su clase.
Prepara 5 litros más de jugo de uva.
¿Cuánto jugo de uva preparó Zach?

Ⓐ 19 l   Ⓑ 21 l   Ⓒ 25 l   Ⓓ 29 l

14. ¿Cuál de estos dibujos es una línea recta?

Ⓐ   Ⓑ    Ⓒ   Ⓓ

15. ¿Cuál figura no está dividida en partes iguales?

Ⓐ   Ⓑ

Ⓒ    Ⓓ

Respuesta corta

Lee las preguntas con atención.
Escribe las respuestas en el espacio dado.

16.   ¿Cuánto es 345 + 70?   _____

17.   ☆ representa a 4 personas.

         ¿A cuántas personas representan

         ? _____

18.   ¿Cuánto es 920 − 80?   _____

19.   ¿Cuánto es 8 × 4?   _____

20.   ¿Cuántas líneas rectas y curvas hay en la figura?

                                      _____ líneas rectas

                                      _____ curvas

21. Joy y Andrew comparten un pastel de papas.

Joy come $\frac{1}{3}$ del pastel.

¿Qué fracción del pastel comió Andrew?

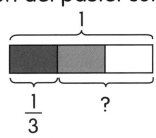

Andrew comió _____ del pastel.

22. Rina comenzó a leer a las 2:00 p.m.

Terminó de leer 1 hora después.

¿A qué hora terminó de leer Rina?   _____ p.m.

23. ¿Cuántas figuras de cada tipo hay?

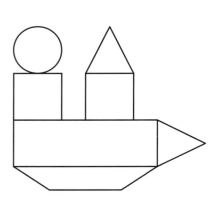

Figura	¿Cuántas hay?
◯	
▢	
△	
▭	
⬭	

Completa los espacios en blanco.

24. 789 = 7 centenas, _____ decenas y 9 unidades

25. $2 \times 4 =$ _____

_____ $\div 2 = 4$

_____ $\div 4 = 2$

26. $5 \times 3 =$ _____

$7 \times 3 = 5$ grupos de 3 + _____ grupos de 3

= _____ + _____

= _____

27. **Dibuja las manecillas del reloj para mostrar que son las 9:10.**

Traza una línea recta de 6 pulgadas de longitud.

28.

Completa el patrón numérico.

29.   820, 840, 860, _____, _____, _____, 940

Dibuja la figura que sigue.

30. ●▲○△●▲○△●▲○ _____

Observa el patrón. Marca con (✓) la figura o los cuerpos geométricos que siguen.

31.

32.

Respuesta desarrollada

La gráfica con dibujos muestra el número de libros de cuentos que tiene cada niño.

Greg	◯ ◯ ◯
Alberto	◯ ◯ ◯ ◯
Mario	◯ ◯ ◯ ◯ ◯
Anthony	◯ ◯

Cada ◯ representa 3 libros.

Usa la gráfica con dibujos para completar los espacios en blanco.

33. ¿Cuántos libros tiene Greg?

Greg tiene _____ ◯.

_____ × _____ = _____

Greg tiene _____ libros de cuentos.

34. ¿Cuántos libros tienen Alberto y Anthony en total?

Alberto y Anthony tienen _____ ◯.

_____ × _____ = _____

Alberto y Anthony tienen _____ libros en total.

35. ¿Cuántos libros de cuentos tiene el niño que más libros tiene?

_____ tiene _____ ◯.

_____ × _____ = _____

Tiene _____ libros en total.

36. ¿Cuántos libros más que Anthony tiene Mario?

Mario tiene 5 ◯.

_____ × _____ = _____

Anthony tiene _____ ◯.

_____ × _____ = _____

_____ − _____ = _____

Mario tiene _____ libros más que Anthony.

Resuelve.
Muestra el proceso.

37. Sam tiene 30 libros.
En una caja entran 5 libros.
¿Cuántas cajas necesita?

Necesita _____ cajas.

38. Lily tiene 6 bolsas.
Cada bolsa contiene 4 kilogramos de harina.
¿Cuántos kilogramos de harina hay en total?

Hay _____ kilogramos de harina en total.

Resuelve.
Muestra el proceso.
Usa modelos de barras como ayuda.

39. Abigail tiene $300. Mabel tiene $12 más que Abigail.
¿Cuánto dinero tiene Mabel?

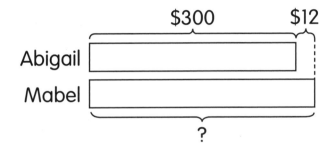

Mabel tiene $_____.

40. 381 varones participan de un juego.
78 niñas menos que varones participan del juego.
a. ¿Cuántas niñas participaron del juego?
b. ¿Cuántos niños y niñas en total participaron del juego?

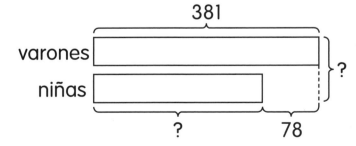

a. _____ niñas participaron del juego.

b. _____ niños y niñas en total participaron del juego.